Die schönsten Menüs

Dr. Oetker
Die schönsten Menüs

aus der Dr. Oetker Versuchsküche

Ceres-Verlag
Rudolf-August Oetker KG
Bielefeld

Die Rezepte sind — wenn nicht anders angegeben — für 4 Personen berechnet.

© Copyright	1981 by Ceres-Verlag Rudolf-August Oetker KG, Bielefeld
Gestaltung und Illustrationen	special Design, Bielefeld
Redaktion	Gisela Knutzen, Bielefeld
Fotos	Atelier Dr. Oetker/Brigitte Müller, Bielefeld Der Fotograf, Bielefeld Foto-Studio Büttner, Bielefeld Foto-Studio Teubner, Füssen PR Dr. Muth, Hamburg Food-Styling: Eike Upmeier, Bielefeld
Herstellung	E. Gundlach KG, Bielefeld
Reproduktionen	Pörtner & Saletzki, Bielefeld

1. Auflage
Printed in Germany
ISBN 3-7670-0145-4

Es ist sicher nicht immer leicht, aus der Fülle der angebotenen Rezepte Menüs für die verschiedenen Anlässe zusammenzustellen.

Was ist nicht alles zu berücksichtigen! Die einzelnen Menü-Gänge sollten geschmacklich aufeinander abgestimmt sein, aber auch farblich zueinander passen. Auch die Getränke spielen eine wichtige Rolle, denn sie sollen das so sorgfältig und liebevoll zusammengestellte Menü harmonisch abrunden, ja unterstreichen.

Um Ihnen, liebe Hausfrau und Gastgeberin, hierbei behilflich zu sein, haben wir in den nachfolgenden Kapiteln eine Auswahl der schönsten Menüs aus der Dr. Oetker Versuchsküche veröffentlicht und entsprechende Getränke dazu vorgeschlagen.

Lassen Sie sich anregen und überraschen Sie Ihre Familie und Ihre Gäste mit dem einen oder anderen dieser erprobten Menüs.

Viel Erfolg wünscht Ihnen

Ihr

Ceres-Verlag

Inhaltsübersicht

Seite

Seite

Seite

Seite

Sonntag-Menüs

Karotten-Sherry-Cocktail

Pürierte Erbsensuppe

Elsässer Bäckerofen
Stangenweißbrot

Mousse au chocolat

Edelzwicker

Karotten-Sherry-Cocktail

(Für eine Person)

3 Gläschen Karottensaft
1—2 Gläschen Sherry dry
Weinbrand
8—10 Tropfen Tabascosauce

Den Karottensaft mit dem Sherry mischen, mit Weinbrand und dem Tabasco abschmecken.
Den Cocktail eisgekühlt servieren.

Pürierte Erbsensuppe

50 g durchwachsener Speck
1 Eßl. Butter
1 Zwiebel
1 Bund Petersilie (ohne Stengel)
300 g frische oder tiefgekühlte Erbsen
1/4 l (250 ml) Wasser
2 Messerspitzen Fleischextrakt
Salz
weißer Pfeffer
2 Eßl. Butter
1 Scheibe Toastbrot

Den Speck in Scheiben schneiden und mit der Butter (1 Eßl.) auslassen. Die Zwiebel abziehen. Die Petersilie waschen, mit der Zwiebel, den Erbsen und dem Wasser zu dem Speck geben, zum Kochen bringen, gar kochen lassen. Zwiebel und Speck herausnehmen. Die Erbsen mit dem Schneidstab eines elektrischen Handrührgeräts oder im Mixer pürieren. Den Erbsenbrei mit Wasser auf 3/4 l (750 ml) auffüllen und erhitzen.
Fleischextrakt unterrühren und mit Salz und Pfeffer würzen. Butter (1 Eßl.) unterrühren und die Erbsensuppe auf 4 Suppentassen verteilen.
Butter (1 Eßl.) zerlassen. Die Toastbrotscheibe in Würfel schneiden, in der Butter goldgelb rösten und auf die Suppe geben.
Kochzeit: 10—15 Minuten.

Elsässer Bäckerofen

750 g Schweine-, Rind- oder Hammelfleisch (ohne Knochen)
4 Möhren
1 Stange Porree
1 Flasche (0,7 l) Weißwein
1 Knoblauchzehe
10 schwarze Pfefferkörner
1 Lorbeerblatt
2 Pimentkörner
250 g Zwiebeln (vorbereitet gewogen)
750 g Kartoffeln
Butter oder Margarine
Salz
Pfeffer
1/2 Teel. getrockneter Thymian
1/2 Teel. getrocknetes Basilikum
1/2 Teel. getrocknetes Bohnenkraut
1—2 Becher (150—300 g) Crème fraîche
2—3 Eßl. Semmelmehl
Butter

Das Fleisch waschen, abtrocknen und in Würfel schneiden. Möhren und Porree putzen, waschen und in kleine Würfel schneiden.
Das Fleisch mit dem Gemüse in eine Schüssel geben und mit so viel Wein begießen, daß die Zutaten knapp bedeckt sind. Die abgezogene, zerdrückte Knoblauchzehe, die Pfefferkörner, das Lorbeerblatt und die Pimentkörner hinzufügen und das Fleisch zugedeckt einige Stunden (am besten über Nacht) an einem kühlen Ort stehenlassen. Die Zwiebeln abziehen und in halbe Ringe schneiden. Die Kartoffeln schälen, waschen und in Scheiben schneiden.
Einen Schmortopf gut ausfetten. Die Zwiebeln mit dem Fleisch, dem Gemüse und den Kartoffeln abwechselnd lagenweise hineingeben, mit der Marinade begießen (soll knapp bedeckt sein, evtl. noch etwas Wein hinzufügen) und mit Salz, Pfeffer, dem Thymian, dem Basilikum und dem Bohnenkraut würzen. Den Topf mit einem Deckel verschließen und auf dem Rost in den Backofen schieben.
Nach etwa 2 1/2 Stunden Garzeit probieren, ob das Fleisch gar ist. Den ‚Bäckerofen' kräftig mit den Gewürzen abschmecken, das Crème fraîche unterrühren, das Gericht mit Semmelmehl bestreuen und Butter in Flöckchen darauf setzen.
Den ‚Bäckerofen' kurz im geöffneten Topf bei starker Hitze überbacken oder unter den Grill schieben und im Topf servieren.
Gas: 5 Minuten vorheizen 2—3, backen 2—3.
Strom: 125—150.
Garzeit: 2 1/2 — 3 Stunden.
Beigabe: Stangenweißbrot.

Tip: Wenn kein eiserner Schmortopf vorhanden ist, kann auch eine Auflaufform verwendet werden, wenn sie gut mit Alufolie abgedeckt wird.
Auch feuerfestes Glas- bzw. Porzellangeschirr und der Tontopf sind zur Zubereitung des ‚Bäckerofens' geeignet.

Mousse au chocolat

(Abb. S. 15)

150 g zartbittere Schokolade
3 Eigelb
1 Ei
50 g Zucker
2 Eßl. Weinbrand
1 Teel. Instant Kaffee
3 Eiweiß
1 Becher (150 g) Crème fraîche

Die Schokolade in kleine Stücke brechen, in einem kleinen Topf im Wasserbad oder auf der Automatikplatte zu einer geschmeidigen Masse verrühren und abkühlen lassen.
Das Eigelb, das Ei, den Zucker, den Weinbrand und den Instant Kaffee in einer Schüssel über Wasserdampf mit einem elektrischen Handrührgerät mit Schneebesen in 5—7 Minuten schaumig schlagen. Die Schüssel aus dem Wasserbad nehmen und die Masse in etwa 5 Minuten kalt schlagen. Zunächst die abgekühlte Schokolade und dann die Crème fraîche und den Eierschnee unterrühren. Die Speise in eine Glasschale füllen.

Getränke-Empfehlung zum Hauptgericht:
Französicher Weißwein
Edelzwicker
Vin d'Alsace (s. S. 185).

Tomatensuppe mit Porreestreifen

Lammkoteletts in Alufolie
Grüne Bohnensalat in Sahnesoße
Käsereis

Frost-Dessert Vanille mit Kiwis

Bischoffinger Rosenkranz

Tomatensuppe mit Porreestreifen

125 g Brühreis
1 l Wasser
Salz
250 g Porree (vorbereitet gewogen)
750 g Tomaten
100 g durchwachsener Speck
2 Zwiebeln
40 g Margarine
1 1/2 l heiße Fleischbrühe (Brühwürfel)
3 schwach gehäufte Eßl. Speisestärke, z.B. Gustin
4 Eßl. kalte Milch
1 Eßl. Tomatenmark
2 Eßl. Portwein
2 Eigelb
5 Eßl. Sahne

Den gewaschenen Reis in das gesalzene, kochende Wasser (1 l) geben, zum Kochen bringen und in etwa 15 Minuten gar kochen lassen. Den vorbereiteten Porree halbieren, waschen und in feine Streifen schneiden. Die Tomaten kurze Zeit in kochendes Wasser legen, in kaltem Wasser abschrecken, enthäuten und in Scheiben schneiden.

Den durchwachsenen Speck und die abgezogenen Zwiebeln in kleine Würfel schneiden. Die Margarine zerlassen und Speck- und Zwiebelwürfel darin andünsten. Die Porreestreifen und die Tomatenscheiben hinzufügen und etwa 10 Minuten dünsten lassen. Die Fleischbrühe hinzugießen, zum Kochen bringen und einige Minuten kochen lassen.

Die Speisestärke mit der Milch anrühren und die Suppe damit binden. Die Suppe mit Salz, dem Tomatenmark und dem Portwein abschmecken. Das Eigelb mit der Sahne verrühren und die Suppe damit abziehen.

Den mit kaltem Wasser abgespülten, abgetropften Brühreis in die Suppe geben und kurz miterhitzen.

Kochzeit: Etwa 30 Minuten.

Lammkoteletts in Alufolie

4 doppelte Lammkoteletts
Salz
getrockneter Thymian
1 großes Stück Alufolie
etwa 300 g Champignonscheiben (Dose)
1 Eßl. Butter
gehackte Petersilie

Von den Lammkoteletts den Fettrand abschneiden. Die darunter liegende Haut in Abständen von etwa 2 cm einschneiden.

Die Koteletts von beiden Seiten mit Salz und Thymian würzen und nebeneinander auf die Alufolie legen. Die abgetropften Champignons auf die Koteletts verteilen und jeweils ein Butterflöckchen darauf geben.

Die Folie fest verschließen und das Folienpaket auf dem Rost in die Mitte des Backofens schieben. Die garen Lammkoteletts mit den Champignonscheiben auf einer vorgewärmten Platte anrichten und mit Petersilie bestreuen.

Gas: 4—5.
Strom: 225—250.
Garzeit: Etwa 30 Minuten.

Grüne Bohnensalat in Sahnesoße

500 g Grüne Bohnen (vorbereitet gewogen)
Bohnenkraut
1/8 l (125 ml) kochendes Salzwasser

Die Bohnen waschen, in etwa 4 cm lange Stücke schneiden oder brechen.
Das Bohnenkraut waschen und mit den Bohnen in das kochende Salzwasser geben, zum Kochen bringen, gar kochen und abtropfen lassen.

Sahnesoße:
1 Becher (150 g) Crème fraîche
1—2 Eßl. Essig
Salz
Pfeffer
Zucker
gehackte Petersilie
feingeschnittener Schnittlauch

Für die Sahnesoße die Crème fraîche mit dem Essig, Salz, Pfeffer und Zucker verrühren und die Kräuter unterrühren.
Die Soße mit den noch warmen Bohnen vermengen und den Salat nochmals mit Salz, Pfeffer und Zucker abschmecken.
Kochzeit: Etwa 30 Minuten.

Käsereis

250 g Brühreis
1/2 l (500 ml) kochende Fleischbrühe (Brühwürfel)
1 Eßl. Butter
80 g geriebener Parmesan- oder Schweizer Käse
Pfeffer
geriebene Muskatnuß

Den Reis waschen, abtropfen lassen und in die kochende Fleischbrühe geben, zum Kochen bringen und ausquellen lassen.
Die Butter und den Käse unterrühren und den Käsereis mit Pfeffer und Muskatnuß abschmecken.
Kochzeit: 15—20 Minuten.

Tip: So wird Reis körnig: Den gewaschenen Reis in die kochende Brühe geben und den Topf mit dem Deckel verschließen. Den Reis zum Kochen bringen, sprudelnd kochen lassen (es muß ständig etwas Dampf aus dem Topf entweichen). Den garen Reis auf ein Sieb geben, mit kaltem Wasser übergießen und abtropfen lassen.

Frost-Dessert Vanille mit Kiwis

1 Päckchen Frost-Dessert Vanille-Geschmack
200 ml Milch
2 Kiwis
1 Eßl. Zitronensaft
1 Teel. Honig

Zum Verzieren:
Schlagsahne
4 Schokoladentäfelchen oder Waffeln

Die Creme nach der Vorschrift auf dem Päckchen zubereiten, in 4 Joghurtbecher oder in die Eisschale füllen und etwa 3 Stunden gefrieren lassen.
Die Kiwis dünn schälen, halbieren, in Scheiben schneiden und schuppenförmig auf einem Teller anrichten.
Zitronensaft und Honig verrühren, über die Kiwis gießen und zugedeckt 1 bis 2 Stunden ziehen lassen.

Das Frost-Dessert auf Glasteller stürzen, mit den Kiwischeiben umlegen und mit Schlagsahne und Schokoladentäfelchen oder Waffeln verzieren.

Getränke-Empfehlung zum Hauptgericht:
Badischer Rotwein
Bischoffinger Rosenkranz
Spätburgunder Kabinett (s. S. 185)

Gemüse-Cocktail

Käsesalat in Tomaten

Spanischer Hühnertopf

Omelette soufflée mit
gezuckerten Beerenfrüchten

Cairanne rouge

Gemüse-Cocktail

(Für 1 Person)

Gemüse- oder Tomatensaft	Drei Gläschen Gemüse- oder Tomatensaft mit 1 Gläschen Weizenkorn und zehn Tropfen Tabasco mischen.
Weizenkorn	
Tabascosauce	
gehackte Petersilie	Eisgekühlt mit gehackter Petersilie bestreut servieren.

Käsesalat in Tomaten

300 g Emmentaler Käse	Den Käse in Streifen schneiden. Den Apfel schälen, halbieren, entkernen und mit den Mandeln in Streifen schneiden.
1 Apfel	
50 g abgezogene Mandeln	
Mayonnaise:	
1 Eigelb	Für die Mayonnaise das Eigelb mit dem Senf, Salz, dem Zucker und dem Essig (Zitronensaft) zu einer dicklichen Masse schlagen. Darunter eßlöffelweise das Öl schlagen.
1—2 Teel. Senf	
Salz	
1 Teel. Zucker	
1 Eßl. Essig oder Zitronensaft	Die Tomaten waschen, abtrocknen, jeweils einen Deckel abschneiden und die Tomaten aushöhlen. Den Käsesalat in die Tomaten füllen.
1/8 l (125 ml) Salatöl	
4 große Tomaten	

Spanischer Hühnertopf

(Schnellkochtopf)

1 küchenfertiges Hähnchen (etwa 1 kg)
4 Eßl. Olivenöl
2 rote Paprikaschoten
150 g Langkornreis
300 g tiefgekühlte Erbsen
etwa 200 g Champignonstücke (Dose)
4 Eßl. Tomatenmark
1½ l Fleischbrühe (Brühwürfel)
Salz
Pfeffer
getrocknetes Basilikum
getrocknetes Rosmarin

Das Hähnchen waschen, abtrocknen und in etwa 10 Stücke schneiden.
Das Öl im offenen Schnellkochtopf erhitzen, die Hähnchenteile von allen Seiten gut darin anbraten.
Die Paprikaschoten putzen, waschen, in breite Streifen schneiden und zu dem Fleisch geben. Kurze Zeit mitschmoren lassen.
Den Langkornreis waschen, mit den Erbsen und den Champignonstücken hinzufügen. Das Tomatenmark unterrühren. Die Fleischbrühe hinzugießen und mit Salz, Pfeffer, Basilikum und Rosmarin würzen. Den Schnellkochtopf schließen, garen lassen.
Garzeit: Etwa 8 Minuten.

Omelette soufflée mit gezuckerten Beerenfrüchten

4 Eigelb
100 g Zucker
4 Eiweiß
2 schwach gehäufte Eßl. Speisestärke, z.B. Gustin
500 g Beerenfrüchte (Erdbeeren, Brombeeren, Himbeeren, frisch oder tiefgekühlt)
Zucker
2—3 Eßl. Kirschwasser oder Himbeergeist
1 Eßl. Puderzucker

Das Eigelb mit dem Zucker schaumig schlagen. Das steifgeschlagene Eiweiß und die Speisestärke vorsichtig unterheben. Die Masse bergartig auf eine gut gefettete, ovale Platte geben und in den Backofen setzen.

Gas: 2—3. Backzeit: 30—35 Minuten.
Strom: 175—200. Backzeit: 20—25 Minuten.

Die Früchte vorsichtig waschen, entstielen und mit Zucker bestreuen, mit dem Kirschwasser (Himbeergeist) beträufeln und durchziehen lassen. Zu der Omelette reichen. Die Omelette soufflée mit dem Puderzucker bestäuben.

Getränke-Empfehlung zum Hauptgericht:
Französischer Rotwein
Cairanne rouge Grande Reserve
(s. S. 185).

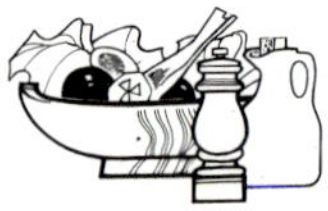

Möhrenrohkost mit Früchten

Blumenkohlsuppe

Rheinischer Sauerbraten
Kartoffelklöße
Rotkohl mit Backpflaumen
und Apfelringen

Fruttina Weincreme

Edelzwicker

Möhrenrohkost mit Früchten

375 g Möhren
250 g Äpfel
250 g Weintrauben
30 g in Scheiben geschnittene Haselnußkerne

Die Möhren putzen, schrappen, waschen und grob raspeln. Die Äpfel waschen, vierteln, entkernen und in Stifte schneiden.
Die Weintrauben waschen, halbieren und entkernen.

Salatsoße:
1 Becher (etwa 150 g) Joghurt
etwa 2 Eßl. Zitronensaft
1 Teel. Honig
Salz
Zucker
gemahlener Zimt
gemahlene Nelken

Für die Salatsoße Joghurt, Zitronensaft, Honig, Salz, Zucker, Zimt und Nelken gut verrühren und mit den Salatzutaten mischen. Den Salat gut durchziehen lassen und evtl. nochmals mit den Gewürzen abschmecken.

Blumenkohlsuppe

250 g Blumenkohl
3/4 l (750 ml) Wasser
1 Teel. Salz
40 g Butter oder Margarine
40 g Weizenmehl
1/4 l (250 ml) Milch
1 Eigelb
2 Eßl. kaltes Wasser
Salz
geriebene Muskatnuß

Den Blumenkohl in Röschen teilen, waschen, in das kochende Salzwasser geben, zum Kochen bringen, weich kochen und abtropfen lassen.
Die Blumenkohlflüssigkeit evtl. mit Wasser auf 3/4 l (750 ml) auffüllen.
Das Fett zerlassen und das Mehl so lange darin erhitzen, bis es hellgelb ist. Das Blumenkohlwasser und das Wasser hinzugießen, mit enem Schneebesen durchschlagen, darauf achten, daß keine Klumpen entstehen, zum Kochen bringen, etwa 10 Minuten kochen lassen.
Die Blumenkohlröschen hinzugeben und miterhitzen.
Das Eigelb mit dem Wasser verschlagen, die Suppe damit abziehen und mit Salz und Muskatnuß abschmecken.
Kochzeit: 30—40 Minuten.

Rheinischer Sauerbraten

(Schnellkochtopf)

Etwa 1 kg Rindfleisch	Das Fleisch waschen, abtrocknen und in eine Schüssel legen.
Marinade:	
1 Möhre *1 Stück Sellerie* *1 Petersilienwurzel* *1 abgezogene Zwiebel* *1/4 l (250 ml) Weinessig* *1/2 l (500 ml) Wasser* *40 g Speck* *Salz* *Pfeffer* *1/4 l (250 ml) von der Marinade* *1/4 l (250 ml) Wasser* *2 Eßl. gewaschene Rosinen* *1 Eßl. Zucker* *3 Eßl. zerbröckelter Honigkuchen* *Zucker* *Essig*	Für die Marinade die Möhre, den Sellerie und die Petersilienwurzel putzen, waschen und zusammen mit der Zwiebel grob zerkleinern. Den Weinessig mit dem Wasser (1/2 l — 500 ml) vermengen. Das Gemüse in dem Essigwasser aufkochen lassen, über das Fleisch gießen und zugedeckt an einem kühlen Ort 3—4 Tage stehenlassen, täglich wenden. Das gesäuerte Fleisch abtrocknen und die Marinade durch ein Sieb gießen. Den Speck in Würfel schneiden und im offenen Schnellkochtopf auslassen. Das Fleisch von allen Seiten gut darin anbraten und mit Salz und Pfeffer würzen. Die Marinade (1/4 l — 250 ml) und das Wasser (1/4 l — 250 ml) hinzugießen. Die Rosinen mit dem Zucker und dem zerbröckelten Honigkuchen hinzufügen. Den Schnellkochtopf schließen, garen lassen. Das Fleisch in Scheiben schneiden und auf einer vorgewärmten Platte anrichten. Die Soße mit Salz, Zucker und Essig abschmecken und dazureichen. Garzeit: Etwa 35 Minuten.

Vin d'Alsace

Kartoffelklöße

750 g Kartoffeln
1 Ei
Salz
geriebene Muskatnuß
100 g Weizenmehl
1 Scheibe Weißbrot
1 Eßl. Butter
kochendes Salzwasser

Die Kartoffeln waschen, mit Wasser zum Kochen bringen, gar kochen lassen, abgießen, pellen und noch heiß durch die Presse geben.
Das Ei mit Salz, Muskatnuß und dem Weizenmehl unterkneten.
Das Weißbrot in Würfel schneiden und in der zerlassenen Butter rösten.
Aus dem Teig mit nassen Händen Klöße formen, dabei in jeden Kloß einige Semmelwürfel drücken. Die Klöße in kochendes Salzwasser geben, zum Kochen bringen und gar ziehen lassen (Wasser muß sich leicht bewegen).
Kochzeit für die Kartoffeln: 25—30 Minuten.
Garzeit für die Klöße: Etwa 15 Minuten.

Rotkohl mit Backpflaumen und Apfelringen

750 g Rotkohl
50 g Schweineschmalz
250 g entsteinte Backpflaumen
Salz
Zucker
3—4 Eßl. Essig
1/8 l — 1/4 l (125 ml — 250 ml) Wasser
3 Äpfel
1/4 l (250 ml) Wasser
1 gut gehäufter Eßl. Zucker
2 Eßl. Zitronensaft

Den Rotkohl putzen, waschen, sehr fein schneiden oder hobeln.
Das Schmalz zerlassen und den Rotkohl kurze Zeit darin erhitzen.
Die Backpflaumen waschen, mit Salz, Zucker, dem Essig und dem Wasser zu dem Rotkohl geben und gar dünsten lassen.
Den Rotkohl mit Salz, Zucker und Essig abschmecken.
Die Äpfel schälen, mit einem Apfelbohrer das Kerngehäuse ausstechen und sie in etwa 1/2 cm dicke Scheiben schneiden.
Das Wasser (1/4 l — 250 ml) mit dem Zucker (1 gut geh. Eßl.) und dem Zitronensaft zum Kochen bringen. Die Apfelringe hineingeben und kurze Zeit darin ziehen lassen.
Den Rotkohl auf eine vorgewärmte Platte geben und die Apfelringe kranzförmig darum legen.
Dünstzeit: 1 — 1 1/2 Stunden.

Fruttina Weincreme

1 Päckchen
Fruttina Pudding-Pulver
Zitrone-Geschmack
125 g Zucker
1—2 Eigelb
1/4 l (250 ml) Weiß- oder Apfelwein
1/4 l (250 ml) Wasser
1—2 Eiweiß
evtl. Schlagsahne

Das Pudding-Pulver mit dem Zucker, dem Eigelb und dem Wein verschlagen. Das Wasser erhitzen, in das kochende, von der Kochstelle genommene Wasser langsam das verschlagene Pudding-Pulver rühren und einmal kurz aufkochen lassen.
Das zu steifem Schnee geschlagene Eiweiß unter die noch heiße Creme heben. Die Creme in eine Glasschale oder in Dessertschälchen füllen, kalt stellen und evtl. mit Schlagsahne verzieren.

Getränke-Empfehlung zum Hauptgericht:
Französischer Weißwein
Edelzwicker
Vin d'Alsac (s. S. 185).

Zwiebel-Suppe mit Tomaten

Grünkohltopf
Salzkartoffeln

Apfelsinen-Creme

Bier
eisgekühlter Kümmelschnaps

Zwiebel-Suppe mit Tomaten

1 Beutel Zwiebel-Suppe
800 ml lauwarmes Wasser
2—3 enthäutete Tomaten
2—3 Eßl. Weißwein
2—3 Eßl. geriebener Parmesan-Käse

Den Inhalt des Beutels in das lauwarme Wasser geben und nach der Vorschrift auf dem Beutel zubereiten.
Die Tomaten in Würfel schneiden, etwa 5 Minuten vor Beendigung der Kochzeit in die Suppe geben und mitkochen lassen.
Die Suppe mit dem Weißwein abschmecken und mit dem Käse bestreuen.
Kochzeit: Etwa 10 Minuten.

Grünkohltopf

(Abb. S. 34/35)

2—3 große Dosen (je etwa 480 g) Grünkohl oder
2—3 Pakete (je 450 g) tiefgekühlter Grünkohl
1 Eßl. Schweineschmalz oder Margarine
3 große Zwiebeln
2 Lorbeerblätter
3—4 Eßl. Haferflocken
Salz
Zucker
Pfeffer
Wasser
500—750 g Kasseler Rippenspeer
500 g geräucherte Rippchen
250 g magerer, durchwachsener Speck
2—4 geräucherte Mettwürstchen
1 runde Kochmettwurst

Das Fett in einem großen Topf erhitzen, die abgezogenen, in Scheiben geschnittenen Zwiebeln darin andünsten und den Kohl mit der Flüssigkeit aus der Dose oder den aufgetauten Tiefkühl-Kohl hinzufügen. Die Lorbeerblätter, 2 Eßl. Haferflocken unterruhren und mit Salz, Pfeffer und Zucker würzen.
Das gewaschene Fleisch mit den Rippchen und dem durchwachsenen Speck darauf legen.
Alles im geschlossenen Topf etwa 45 Minuten kochen lassen. Den Kohl ab und zu umrühren, damit er nicht anbrennt. Evtl. etwas Wasser hinzugießen und weitere 1—2 Eßl. Haferflocken unterrühren.
Die geräucherten Mettwürstchen und die frische Mettwurst hinzufügen und etwa 30 Minuten mitkochen lassen.
Das Fleisch aus dem Kohl nehmen, in Stücke schneiden und die Würstchen halbieren.
Den Kohl auf einer großen Platte anrichten und mit den Fleisch- und Wurststücken umlegen.
Kochzeit: Etwa 1 1/4 Stunden.
Beilage: Salzkartoffeln.

Beaujolai
TION D'ORIGINE CONTRÔ
TEILLE DANS LA RÉGION DE PRODUC
ON A PONTANEVAUX (SAÔNE ET L

Zungenragout

(Abb. S. 48/49)

1 Rinderzunge (etwa 1¼ kg)
1 Bund Suppengrün (Möhre, Porree, Sellerie)
2 l kochendes Salzwasser

Die Zunge waschen, den Schlund abschneiden, und die Zunge so lange waschen und bürsten, bis der Schleim entfernt ist. Das Suppengrün putzen, waschen und mit der Zunge in das Salzwasser geben, zum Kochen bringen, gar kochen lassen (die Zunge ist gar, wenn sich die Spitze weich ansticht). Die Zunge kalt abspülen, die Haut abziehen, so lange die Zunge heiß ist und das knorpelige Ende ablösen. Die Zunge in Scheiben schneiden.

Fleischklößchen:
1 Eßl. Margarine
50 g Gehacktes
1 Eigelb
Salz
Pfeffer
2 Eßl. Semmelmehl
kochendes Salzwasser

Für die Fleischklößchen die Margarine schaumig rühren, das Gehackte, das Eigelb, Salz, Pfeffer und das Semmelmehl hinzufügen. Aus der Masse mit nassen Händen Klößchen formen und die Klößchen in dem kochenden Salzwasser gar ziehen lassen.

Soße:
80 g Margarine oder Butter
110 g Weizenmehl
1 l Zungenbrühe
⅛ l (125 ml) Rotwein
Salz
Pfeffer
Zucker
Blätterteighalbmonde

Für die Soße das Fett zerlassen und das Mehl unter Rühren so lange darin erhitzen, bis es hell- bis dunkelbraun ist. Die Zungenbrühe hinzugießen, mit einem Schneebesen durchschlagen, darauf achten, daß keine Klumpen entstehen, zum Kochen bringen, etwa 10 Minuten kochen lassen.
Die Soße mit dem Rotwein, Salz, Pfeffer und Zucker abschmecken. Die Zungenscheiben und die Fleischklößchen in die Soße geben und erhitzen.
Das Ragout in einer vorgewärmten Schüssel anrichten. Blätterteighalbmonde darauf geben.

Kochzeit für die Zunge: Etwa 2½ Stunden.
für die Fleischklößchen: Etwa 5 Minuten.
für die Soße: Etwa 10 Minuten.

Beilage: Salzkartoffeln.

Grüner Salat mit Sahne

2 Köpfe Salat	Den Salat putzen, waschen, abtropfen lassen und in kleine Stücke zerpflücken.
Soße:	
4—5 Eßl. Sahne *1—2 Eßl. Essig oder Zitronensaft* *Salz* *Zucker* *1—2 Eßl. gehackte Petersilie*	Für die Salatsoße das Öl, den Essig (Zitronensaft), Salz und Zucker zu einer dicklichen Soße verrühren und vorsichtig mit dem Salat vermengen. Die Petersilie darüber streuen.

Erdbeer-Bavarois

500 g Erdbeeren *100 g Zucker* *2 Päckchen Vanillin-Zucker* *Saft von 1 Zitrone* *1 Päckchen und* *2 gestrichene Teel. Gelatine gemahlen, rot* *4 Eßl. kaltes Wasser* *1/4 l (250 ml) Sahne* *2 Eiweiß* *Schlagsahne*	Die Erdbeeren waschen, gut abtropfen lassen, entstielen, durch ein Sieb streichen (einige Erdbeeren zum Garnieren zurücklassen) und mit Zucker, Vanillin-Zucker und Zitronensaft verrühren. Die Gelatine mit dem Wasser anrühren, 10 Minuten zum Quellen stehenlassen, unter Rühren erwärmen, bis sie gelöst ist, und kühl stellen. Die lauwarme Gelatinelösung unter die Erdbeerpülpe rühren und kalt stellen. Sobald die Pülpe anfängt dicklich zu werden, die steifgeschlagene Sahne unterrühren und das zu steifem Schnee geschlagene Eiweiß unterheben. Die Speise in eine dünn mit Speiseöl ausgepinselte Puddingform füllen und kalt stellen. Die vollkommen steife Speise auf eine Platte stürzen, nach Belieben mit Schlagsahne, zubereitet mit Sahnesteif, verzieren und mit Erdbeeren garnieren.

Getränke-Empfehlung zum Hauptgericht:

Französischer Rotwein

Beaujolais (s. S. 185).

Leichte Sommer Menüs

Brunnenkresse-Salat

Gazpacho

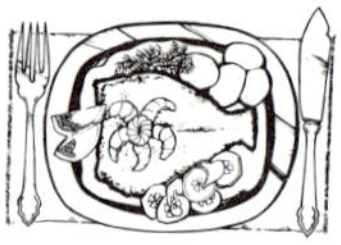

Scholle vom Rost
Räubersalat

Baiser-Grapefruits

Volkacher Ratsherr

Brunnenkresse-Salat

150 g Brunnenkresse	Von der Brunnenkresse die gelben Blätter entfernen. Die Brunnenkresse waschen und abtropfen lassen.
Salatsoße: *5 Schalotten oder 1 kleine Zwiebel* *2—3 Eßl. Salatöl* *2—3 Eßl. Essig* *Salz* *Pfeffer* *Zucker* *2 Eßl. gehackte Kräuter (Petersilie, Pimpinelle, Schnittlauch)* *1—2 hartgekochte Eier*	Für die Salatsoße die Schalotten (Zwiebel) abziehen, halbieren und in Scheiben schneiden. Mit dem Öl, dem Essig, Salz, Pfeffer und Zucker zu einer dicklichen Soße verrühren und die Kräuter unterrühren. Die Brunnenkresse mit der Soße vermengen. Die Eier pellen, hacken und über den Salat streuen. Den Salat sofort servieren.

Gazpacho

1 rote und 1 grüne Paprikaschote *½ Salatgurke* *2 zerdrückte oder feingehackte Knoblauchzehen* *3 enthäutete Tomaten (etwa 200 g)* *2 Scheiben Weißbrot* *kaltes Wasser* *Salz* *Pfeffer* *3 Eßl. Speiseöl* *2—3 Eßl. Essig* *Suppenwürze* *Eiswürfel*	Die Paprikaschoten putzen, waschen und in Stücke schneiden. Die Salatgurke schälen und in Stücke schneiden. Die Paprikaschoten- und die Salatgurkenstücke, die Knoblauchzehen, die in Stücke geschnittenen Tomaten und das im kaltem Wasser eingeweichte, gut ausgedrückte Weißbrot im elektrischen Mixer pürieren, mit Salz und Pfeffer würzen und nach und nach das Öl hinzufügen. Alles gut verrühren und mit Suppenwürze abschmecken. Die Gazpacho sehr kalt, nach Belieben mit Eiswürfeln, servieren. Beigabe: Stangenweißbrot.

Scholle vom Rost

4 küchenfertige Schollen
(je etwa 300 g)
Zitronensaft
Salz

Die Schollen unter fließendem, kaltem Wasser abspülen, trockentupfen und mit Zitronensaft beträufeln.
Etwa 15 Minuten stehenlassen, trockentupfen und auf den Grillrost legen. Im vorgeheizten Grill von beiden Seiten grillen.
Die garen Schollen mit Salz bestreuen.
Grillzeit: Jede Seite 4—6 Minuten.

Räubersalat

750 g Kartoffeln
1 Teel. Kümmel
Salzwasser
Salz
Pfeffer

Die Kartoffeln waschen, mit dem Kümmel in das Salzwasser geben, zum Kochen bringen und in 20—30 Minuten gar kochen lassen. Die Kartoffeln abgießen, pellen, erkalten lassen und in Scheiben schneiden. Lagenweise mit Salz und Pfeffer bestreuen.

Salatsoße:
1 Zwiebel
1/8 l (125 ml) Fleischbrühe
(Brühwürfel)
1 Eigelb
Suppenwürze
3 Eßl. Salatöl
3 Eßl. Essig
1 Teel. Senf
2 hartgekochte Eier
2 Tomaten
6 schwarze und 6 grüne
spanische Oliven
gehackte Petersilie
feingeschnittener Schnittlauch
Essig

Für die Salatsoße die Zwiebel abziehen, würfeln und mit der Fleischbrühe, dem Eigelb, Suppenwürze, dem Öl, dem Essig und dem Senf zu einer dicklichen Soße verrühren und über die Kartoffelscheiben gießen.
Die Eier pellen und fein hacken.
Die Tomaten waschen, abtrocknen und achteln.
Die Oliven entkernen und in Scheiben schneiden.
Eier, Tomatenachtel und Olivenscheiben, Petersilie und Schnittlauch mit dem Kartoffelsalat vermengen und gut durchziehen lassen.
Den Räubersalat evtl. nochmals mit Salz, Pfeffer und Essig abschmecken.

Baiser-Grapefruits

2 Grapefruits
1 Päckchen Vanillin-Zucker
2 Eiweiß
2 Teel. Honig
1 Eßl. abgezogene, gehobelte Mandeln

Die Grapefruits quer halbieren, die Kerne mit einer Gabel entfernen, mit einem spitzen scharfen Messer das Fruchtfleisch von der Schale lösen und mit dem Vanillin-Zucker bestreuen. Das Eiweiß zu steifem Schnee schlagen, den Honig darunter schlagen, den Eierschnee gleichmäßig auf die Früchte verteilen und ihn mit den Mandeln bestreuen.
Die Grapefruits kurz unter einen vorgeheizten Grill oder in den heißen Backofen schieben, bis die Mandeln und der Eierschnee leicht gebräunt sind.

Getränke-Empfehlung zum Hauptgericht:
Franken-Weißwein
Volkacher Ratsherr
Müller-Thurgau (s. S. 185).

Sekt „Fürst von Metternich"

Artischocken mit sauce vinaigrette

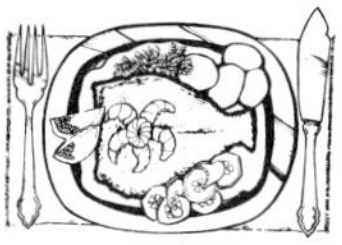

Heilbutt mit Tomatenhaube
Grüne Nudeln
Dill-Gurkensalat

Schneeball mit Vanillesoße

Nederberg Paarl Riesling

Artischocken mit sauce vinaigrette

4 vorbereitete Artischocken
Salzwasser
3—4 l kochendes Salzwasser
3—4 Eßl. Essig

Den Stiel jeder Artischocke unterhalb des Blattansatzes abschneiden. Die Schnittflächen mit Essig oder Zitronensaft einreiben, damit sie nicht dunkel werden.
Die unteren Blätter und braune Blattspitzen abschneiden.
Die Artischocken kurze Zeit in Salzwasser legen, abtropfen lassen und in das kochende Salzwasser geben. Den Essig hinzufügen, zum Kochen bringen und gar kochen lassen (die Artischocken sind gar, wenn sich die Blätter leicht herauszupfen lassen).
Die Artischocken mit den Blättern nach unten abtropfen lassen.

sauce vinaigrette:
8 Eßl. Speiseöl
3 Eßl. Essig
1 Teel. Senf
1 Eßl. gehackte Petersilie
1 Eßl. feingeschnittener Schnittlauch
1 Messerspitze gerebelter Kerbel
1 Messerspitze gerebeltes Basilikum
Salz
Pfeffer

Für die sauce vinaigrette das Öl mit dem Essig und dem Senf zu einer dicklichen Soße verrühren. Die Petersilie, den Schnittlauch, den Kerbel und das Basilikum unterrühren und die Soße mit Salz und Pfeffer abschmecken.
Jede Artischocke auf einen Dessertteller setzen und von unten beginnend die Blätter abzupfen. Jedes Blatt mit dem unteren Ende in die Soße tauchen, das Fleisch mit den Zähnen vom Blatt streifen und die Blattreste weglegen.
Wenn alle Blätter entfernt sind, den ungenießbaren Flaum (Heu) vom Artischockenboden mit einem Messer abtrennen, den Artischockenboden in Würfel schneiden und mit der restlichen Soße verzehren.
Kochzeit für die Artischocken: 30—40 Minuten.

Heilbutt mit Tomatenhaube

4 Heilbuttsteaks (etwa 850 g) *2 Eßl. Zitronensaft* *Salz* *Pfeffer* *6 Eßl. Weißwein* *Butter oder Margarine* *1 Becher (150 g) Crème fraîche* *1 Dose (70 g) Tomatenmark* *Cayennepfeffer* *75 g geriebener* *Schweizer Käse*	Die Heilbuttsteaks unter fließendem, kaltem Wasser abspülen, trockentupfen und mit dem Zitronensaft beträufeln. Etwa 15 Minuten stehenlassen, trockentupfen und mit Salz und Pfeffer würzen. Den Wein in eine oder in zwei mit Fett ausgestrichene Auflaufformen geben und die Heilbuttsteaks in die Form (Formen) legen. Die Crème fraîche mit dem Tomatenmark verrühren, mit Salz, Pfeffer, Cayennepfeffer abschmecken und über dem Fisch verteilen. Mit dem Käse bestreuen. Die Form (Formen) auf dem Rost in den Backofen schieben. Gas: 5 Minuten vorheizen 5—6. Dünsten 5—6. Strom: 200—225. Dünstzeit: Etwa 25 Minuten. Beilage: Grüne Nudeln, in Butter geschwenkt.

Dill-Gurkensalat

2 kleine Salatgurken	Die Gurken waschen, abtrocknen und in dünne Scheiben schneiden.
Salatsoße: *1/8 l (125 ml) saure Sahne* *1 Eßl. Senf* *1 Eßl. gehackter, frischer Dill* *oder 1/2 Teel. getrockneter Dill* *Salz* *Pfeffer* *Zucker*	Für die Salatsoße die saure Sahne mit dem Senf und dem Dill verrühren und mit Salz, Pfeffer und Zucker abschmecken. Die Gurkenscheiben mit der Soße vermengen, durchziehen lassen und den Salat evtl. nochmals abschmecken.

Schneeball mit Vanillesoße

½ l (500 ml) Milch
30 g Zucker
30 g abgezogene, gemahlene Mandeln
1 Stück Stangenzimt
Mark von ½ Vanilleschote
4 Eiweiß
40—50 g Zucker
1 gehäufter Teel. Speisestärke, z.B. Gustin
2 Eßl. kaltes Wasser
4 Eigelb

Die Milch mit dem Zucker, den Mandeln, dem Stangenzimt und dem Mark der Vanilleschote zum Kochen bringen und einige Minuten kochen lassen. Das Eiweiß steif schlagen, den Zucker unterschlagen und die Masse bergartig auf einen flachen Teller geben und glattstreichen. Vorsichtig auf die kochende Milch schieben, zudecken, von der Kochstelle nehmen und in etwa 7 Minuten gar ziehen lassen.
Den Schneeball vorsichtig von der Milch heben und auf eine tiefe, runde Platte geben.
Die Speisestärke mit dem Wasser anrühren.
Das Eigelb unterrühren und in die heiße Milch geben. Unter ständigem Schlagen mit dem Schneebesen aufkochen, etwas abkühlen lassen und dabei ab und zu durchschlagen.
Die Vanillesoße gleichmäßig um den Schneeball gießen und völlig erkalten lassen.

Getränke-Empfehlung zum Hauptgericht:
Südafrikanischer Weißwein
Nederberg Paarl Riesling (s. S. 185).

Vichyssoise

Gemüse-Pie
Grüner Salat

Beerensalat

Dürkheimer Feuerberg

Vichyssoise

1 l Wasser
3½ gestrichene Eßl. Instant Klare Fleischbrühe
500 g Kartoffeln
1—2 Stangen Porree (vorbereitet gewogen etwa 150 g)
⅛ l (125 ml) Sahne
Pfeffer
Streuwürze

Das Wasser zum Kochen bringen und Instant Klare Fleischbrühe unterrühren.
Die Kartoffeln schälen, waschen und in Würfel schneiden.
Den Porree gründlich waschen und in Ringe schneiden. Die beiden Zutaten in die Fleischbrühe geben, zum Kochen bringen, gar kochen lassen.
Die Suppe mit einem elektrischen Handrührgerät pürieren, die Sahne unterrühren und mit Salz und Streuwürze abschmecken, kalt servieren.
Kochzeit: Etwa 25 Minuten.

Gemüse-Pie

Belag:
1 Zwiebel
1 Eßl. Margarine
250 g Gehacktes (Halb Rind-, halb Schweinefleisch)
1 Packung tiefgefrorene Französische Gemüsepfanne
1 Ei
1 Becher (150 g) Crème fraîche
Salz
Pfeffer

Für den Belag die Zwiebel abziehen und fein würfeln. Die Margarine zerlassen und die Zwiebel darin glasig dünsten lassen. Das Gehackte dazugeben und kurz anbraten. Die Gemüsepfanne hinzufügen und alles etwa 10 Minuten schmoren lassen.
Das Ei und die Crème fraîche unterrühren und die Masse mit Salz und Pfeffer abschmecken.

Teig:
1 Packung Grundmischung Pizza-Teig
Gewürzmischung aus der Packung
⅛ l (125 ml) kaltes Wasser
2—3 Tomaten
Dosenmilch

Den Teig nach der Vorschrift auf der Packung zubereiten, dünn ausrollen und eine gefettete Pie-Form oder Springform (Durchmesser etwa 30 cm) damit auslegen. Etwas Teig zum Garnieren zurücklassen.
Die Gewürzmischung mit dem Wasser verrühren, gleichmäßig auf den ausgerollten Teig streichen und den Belag darauf verteilen.
Die Tomaten waschen, in Scheiben schneiden und darauf legen. Den restlichen Teig dünn ausrollen, in Streifen schneiden und die Pie damit garnieren. Die Teigstreifen mit Dosenmilch bestreichen.
Gas: 4—5.
Strom: 200—225.
Backzeit: Etwa 35 Minuten.

Grüner Salat

1—2 Köpfe Salat

Den Salat putzen, waschen, abtropfen lassen und in kleine Stücke zerpflücken.

Soße:
2—3 Eßl. Salatöl
1—2 Eßl. Essig
1 Messerspitze Senf
Salz
Pfeffer
Zucker
2 Eßl. gemischte, gehackte Kräuter

Für die Salatsoße das Öl, den Essig, den Senf, Salz, Pfeffer und Zucker zu einer dicklichen Soße verrühren. Die Salatsoße mit dem Salat und den gemischten Kräutern vermengen.

Beerensalat

750 g Beeren
(vorbereitet gewogen, Erdbeeren, Johannisbeeren, Stachelbeeren, Himbeeren, Brombeeren, Heidelbeeren, Weintrauben)
etwa 50 g Zucker
3—4 Eßl. Himbeergeist
1/4 l (250 ml) Sahne

Das sorgfältig vorbereitete Obst mit dem Zucker und dem Himbeergeist vermengen und gut durchziehen lassen. Den Beerensalat auf Obstteller verteilen.
Die Sahne steif schlagen, in einen Spritzbeutel mit gezackter Tülle füllen und auf jede Portion einen großen Sahnetuff spritzen.

Getränke-Empfehlung zum Hauptgericht:
Rheinpfälzer Weißherbst
Dürkheimer Feuerberg
Portugieser Weißherbst trocken (s. S. 185).

Hexensalat

Selleriecreme-Suppe

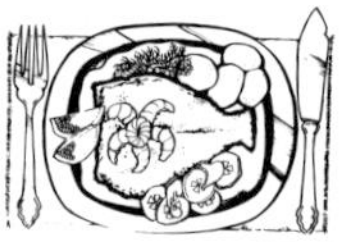

Emder Matjes mit Grünen Bohnen und Pellkartoffeln

Melonensalat „spezial"

Bier

Hexensalat

375 g Fleischwurst
2 Zwiebeln
2 Gewürzgurken
2 Tomaten
1 gehäufter Teel. Kapern

Die Fleischwurst enthäuten, längs halbieren und in Scheiben schneiden.
Die Zwiebeln abziehen und in Ringe schneiden.
Die Gewürzgurken in dünne Scheiben schneiden.
Die Tomaten waschen, abtrocknen und in dünne Scheiben schneiden.

Salatsoße:
2—3 Eßl. Salatöl
2 Eßl. Essig
2 Teel. Senf
Salz
Pfeffer
Zucker
2—3 Eßl. gehackte Petersilie

Für die Salatsoße das Öl mit dem Essig, dem Senf, Salz, Pfeffer und Zucker zu einer dicklichen Soße verrühren. Die Petersilie unterrühren.
Die Salatzutaten mit der Soße vermengen, durchziehen lassen und den Salat evtl. nochmals mit Salz, Pfeffer und Zucker abschmecken.

Selleriecreme-Suppe

1 große Sellerieknolle (etwa 350 g)
Saft von 1/2 Zitrone
2—3 Eßl. Speiseöl
2—3 Eßl. Weizenmehl
1 l Wasser
3 gestrichene Eßl. Instant Klare Fleischbrühe
1 Eigelb
4 Eßl. Sahne
Salz
weißer Pfeffer
Streuwürze
Zucker
feingeschnittenes Selleriekraut

Die Sellerieknolle schälen, waschen, in Streifen schneiden und mit dem Zitronensaft beträufeln.
Das Öl zerlassen und den Sellerie darin andünsten.
Das Weizenmehl darüber stäuben und alles gut durchdünsten lassen.
Das Wasser hinzugießen, die Instant Klare Fleischbrühe unterrühren, zum Kochen bringen und gar kochen lassen.
Die Suppe durch ein Sieb streichen oder mit einem elektrischen Handrührgerät pürieren.
Das Eigelb mit der Sahne verschlagen, die Suppe damit abziehen und mit Salz, Pfeffer, Streuwürze und Zucker abschmecken. Die Suppe evtl. mit Selleriekraut bestreuen.
Garzeit: Etwa 20 Minuten.

Emder Matjes mit Grünen Bohnen und Pellkartoffeln

8 Matjesfilets	Die Matjesfilets 1—2 Stunden wässern und gut abtropfen lassen.
Pellkartoffeln:	
750 g Kartoffeln (möglichst kleine) *2 l Salzwasser* *Kümmel* *feingehackte Petersilie*	Für die Pellkartoffeln die Kartoffeln waschen, in das Salzwasser geben, den Kümmel hinzufügen, zum Kochen bringen und gar kochen lassen. Die Kartoffeln abgießen, noch heiß pellen und in einer vorgewärmten Schüssel anrichten. Mit feingehackter Petersilie bestreuen und warm stellen.
Grüne Bohnen:	
1 Eßl. Butter *1/8 l (125 ml) heiße Fleischbrühe (Brühwürfel)* *Salz* *Pfeffer* *Bohnenkraut* *750 g Grüne Bohnen (vorbereitet gewogen)* *150 g durchwachsener Speck* *125 g Zwiebelringe*	Für die Bohnen die Butter zerlassen, die Fleischbrühe hinzugießen und mit Salz und Pfeffer würzen. Das Bohnenkraut und die Bohnen waschen, hinzufügen, gar dünsten lassen und nach Belieben mit Salz und Pfeffer abschmecken. Die Bohnen in einer vorgewärmten Schüssel anrichten. Den Speck in Würfel schneiden, auslassen, über die Bohnen geben und warm stellen. Die Matjesfilets mit den Zwiebelringen auf einer Platte anrichten. Die Pellkartoffeln und die Bohnen dazureichen. Kochzeit für die Kartoffeln: 25—30 Minuten. Dünstzeit für die Bohnen: 15—20 Minuten.

Melonensalat „spezial"

1 Honigmelone
4 Eßl. Himbeergeist
1—2 Eßl. Zitronensaft
Zucker
1—2 Birnen
etwa 350 g Ananasstücke (Dose)
2 Eßl. Preiselbeeren (Glas)
1 Packung (300 g) tiefgekühlte Himbeeren
3—4 Eßl. Weißwein

Die Melone waschen, abtrocknen, halbieren, aushöhlen und das Fruchtfleisch in Würfel schneiden.
Den Himbeergeist, Zitronensaft und Zucker verrühren, über das Melonenfleisch geben und gut durchziehen lassen.
Die geschälten Birnen halbieren, entkernen und in Würfel schneiden.
Die Ananasstücke und Preiselbeeren abtropfen lassen, mit den Birnen und den aufgetauten Himbeeren zu dem Melonenfleisch geben und alle Zutaten miteinander vermengen.
Den Salat mit Zucker abschmecken und den Wein darüber geben.
Die Melonenschalen mit einem spitzen Messer am Rand zackenförmig ausscheiden, den Salat hineinfüllen und eisgekühlt servieren.

Getränke-Empfehlung für Hauptgericht:
Bier.

Radieschen „Annette"

Gurkensuppe

Frikadellen nach „Marie-Louise"
Bunter Kartoffelsalat

Marsala-Halbgefrorenes

Dürkheimer Hochmeß

Radieschen „Annette"

2—3 Bund Radieschen
Salatblätter
1 Kästchen Kresse
Butter
Stangenweißbrot

Die Radieschen waschen, das Grün bis auf etwa 2 cm und das Wurzelende abschneiden. Auf gewaschenen, gut abgetropften Salatblättern anrichten. Die Portionen mit der Kresse garnieren. Butter und Stangenweißbrot dazureichen.

Gurkensuppe

1/2 große Salatgurke
oder 1 kleine Salatgurke
Salz
Pfeffer
1 zerdrückte Knoblauchzehe
3 Becher (je 150 g) Joghurt
Streuwürze
feingehackte Petersilie
Eiswürfel

Die Gurke schälen, fein hobeln oder in einem elektrischen Mixer pürieren, mit Salz, Pfeffer und der zerdrückten Knoblauchzehe würzen und Saft ziehen lassen.
Das Joghurt unterrühren, mit Streuwürze abschmecken und mit Petersilie bestreuen.
Die Suppe sehr kalt mit Eiswürfeln servieren.

Frikadellen nach „Marie-Louise"

400 g Gehacktes (halb Rind-, halb Schweinefleisch)
200 g gut abgetropfter Speisequark (Magerstufe)
2 kleine Zwiebeln
2 Eier
Salz
Pfeffer
40 g Semmelmehl
Margarine

Das Gehackte mit dem Speisequark, den abgezogenen, feingewürfelten Zwiebeln und den Eiern gut vermengen und mit Salz und Pfeffer abschmecken. Aus der Masse 4 ovale Klopse formen, in dem Semmelmehl wenden und in der erhitzten Margarine von beiden Seiten braun braten.
Bratzeit: Etwa 10 Minuten.

Bunter Kartoffelsalat

750 g Salatkartoffeln
1/4 l (250 ml) kochendheißes Salzwasser
250 g Tomaten
1 Salatgurke (etwa 400 g)
4 hartgekochte, gepellte Eier

Die Kartoffeln waschen, in der Schale gar kochen lassen, abgießen und noch heiß pellen.
Die lauwarmen Kartoffeln in feine Scheiben schneiden, mit dem Salzwasser übergießen und nach kurzer Zeit mit einem Schaumlöffel herausnehmen. Die Tomaten waschen, abtrocknen (nach Belieben enthäuten) und in Scheiben oder Achtel schneiden.
Die Gurke schälen und in feine Scheiben schneiden oder hobeln.
Die Eier in Scheiben oder Achtel schneiden.

Salatsoße:
6 Eßl. Salatöl
3—4 Eßl. Essig
Salz
Pfeffer
1 kleine Zwiebel
1 Eßl. gehackte Petersilie

Für die Salatsoße das Öl, den Essig, Salz und Pfeffer zu einer dicklichen Soße verrühren. Die abgezogene, feingewürfelte Zwiebel mit der Petersilie unterrühren.
Die Salatzutaten mit der Soße vermengen, den Salat abschmecken und gut durchziehen lassen.
Kochzeit: 25—30 Minuten.

Marsala-Halbgefrorenes

4 Eigelb
40 g Zucker
8 Eßl. Marsala
1/4 l (250 ml) Sahne
1 Päckchen Sahnesteif

Das Eigelb mit dem Zucker schaumig schlagen und den Marsala unterrühren.
Die Masse auf der Kochstelle bei schwacher Hitze dickschaumig schlagen (Masse darf nicht kochen, da sie sonst gerinnt).
Die Sahne etwa 1/2 Minute schlagen. Das Sahnesteif einstreuen und die Sahne steif schlagen, unter die abgekühlte Marsala-Creme heben und in eine Glasschale oder in Portionsschälchen füllen.
Die Creme etwa 1 1/2 Stunden im Gefrierfach des Kühlschranks gefrieren lassen.

Getränke-Empfehlung zum Hauptgericht:

Rheinpfälzer Weißwein
Dürkheimer Hochmeß
Silvaner trocken (s. S. 185).

Sekt „Fürst von Metternich"

Krabbensalat „Tiffany"

Kraftbrühe „Berliner Art"

Geschnetzeltes in Aprikosenrahm
Butterreis

Welfenspeise

Kleinbottwarer Brüssele
Süßmund

Krabbensalat „Tiffany"

Etwa 250 g Krabbenfleisch (frisch oder Dose)
1 Eßl. Zitronensaft
etwa 280 g Spargel (Dose)

Das Krabbenfleisch mit dem Zitronensaft beträufeln.
Den Spargel abtropfen lassen und in etwa 3 cm lange Stücke schneiden.

Salatsoße:
2—4 Eßl. Tomatenketchup
2 Messerspitzen Paprika edelsüß
gehackte Petersilie
gehackter Dill
Worcestersauce
Salz
1—2 Eßl. Weinbrand
3 Salatherzen

Für die Salatsoße das Tomatenketchup mit dem Paprika edelsüß, Petersilie und Dill verrühren und mit Worcestersauce und Salz abschmecken. Die Salatzutaten mit der Soße vermengen und den Weinbrand unterrühren.
Die Salatherzen waschen, abtropfen lassen, in Streifen schneiden und unter den Salat heben.

Kraftbrühe „Berliner Art"

1 l Fleischbrühe
40 g Brühreis
Blumenkohlröschen
Spargelstücke

Die Brühe zum Kochen bringen. Den gewaschenen Reis, die gewaschenen Blumenkohlröschen und den geschälten, gewaschenen, in Stücke geschnittenen Spargel hineingeben, gar kochen lassen.
Kochzeit: Etwa 25 Minuten.

von Metternich

Geschnetzeltes in Aprikosenrahm

500 g Aprikosen	Die Aprikosen waschen, halbieren, entsteinen und in feine Scheiben schneiden.
1 Eßl. Butter	Die Butter in einer Pfanne zerlassen und die Aprikosenscheiben darin unter Wenden goldgelb braten, herausnehmen.
400 g schieres Schweinefleisch	Das Fleisch waschen, von Sehnen und Haut befreien, in Streifen schneiden, mit Salz und Pfeffer würzen und in dem Mehl wenden.
Salz	Die Margarine in einer Pfanne zerlassen, das Fleisch darin unter Wenden braten, die Sahne hinzufügen und einmal aufkochen lassen.
Pfeffer	Die Aprikosen vorsichtig unterrühren, mit Zitronensaft und Salz abschmecken und den Weinbrand hinzufügen.
2 gestrichene Eßl. Weizenmehl	Bratzeit für die Aprikosen: Etwa 5 Minuten.
1 Eßl. Margarine	für das Geschnetzelte: 5—10 Minuten.
1/4 l (250 ml) Sahne	Beilage: Butterreis, Grüner Salat.
1/2 Teel. Zitronensaft	
1 Eßl. Weinbrand	

Welfenspeise

Creme:	
30 g Speisestärke, z.B. Gustin	Für die Creme die Speisestärke mit dem Zucker, dem Vanillin-Zucker und der Milch (6 Eßl.) anrühren.
50 g Zucker	Die übrige Milch erhitzen. In die kochende, von der Kochstelle genommene Milch langsam die angerührte Speisestärke rühren und einmal aufkochen lassen.
1 Päckchen Vanillin-Zucker	Das steifgeschlagene Eiweiß unter die noch heiße Speise heben, und die Speise in eine Glasschale füllen.
6 Eßl. kalte Milch	
1/2 l (500 ml) Milch	
2 Eiweiß	

→

Weinschaumsoße:

1 Ei
2 Eigelb
1 gestrichener Eßl. Speisestärke, z.B. Gustin
50 g Zucker
1/4 l (250 ml) Weiß- oder Apfelwein
abgeriebene Schale von 1/2 Zitrone (ungespritzt)
Schokoladenstreusel

Für die Weinschaumsoße alle Zutaten in einem kleinen Kochtopf gut verrühren. Die Flüssigkeit unter Schlagen mit einem Schneebesen langsam erhitzen, bis eine Kochblase aufsteigt. Die erkaltete Weinschaumsoße nochmals durchschlagen und auf die weiße Creme füllen. Die Welfenspeise mit Schokoladenstreuseln garnieren.

Getränke-Empfehlung zum Hauptgericht:
Württemberger Weißwein
Kleinbottwarer Brüssele
Süßmund Riesling trocken (s. S. 185).

Sekt „Söhnlein Rheingold"

Melone mit Schinken

Gefüllte Auberginen
Kräuterreis
Salat „Côte d'Azur"

Krokantring

Achkarrer Schloßberg

Melone mit Schinken

1 Honig- oder Wassermelone
100 g roher Schinken in Scheiben
Pfeffer aus der Mühle

Die Melone in 4 Portionsstücke schneiden. Den Schinken auf den Melonenstücken anrichten und mit Pfeffer bestreuen.

Gefüllte Auberginen

2—4 Auberginen (etwa 750 g)
Salz
1 Zwiebel
250 g Gehacktes (halb Rind-, halb Schweinefleisch)
1 Ei
1 eingeweichtes, gut ausgedrücktes Brötchen
Salz
Pfeffer
50 g Margarine
3—4 Tomaten
1/4 l (250 ml) Sahne
2—3 gestrichene Eßl. Weizenmehl
1/8 l (125 ml) kaltes Wasser
1 Eßl. feingehackte Petersilie
1 Eßl. feingeschnittener Schnittlauch
100 g geriebener Emmentaler Käse

Die Auberginen waschen, abtrocknen, längs halbieren und mit Salz bestreuen.
Etwa 30 Minuten ziehen lassen und abtropfen lassen. Das Fruchtfleisch bis auf einen etwa 1 cm breiten Rand herausschneiden und fein hacken.
Die Zwiebel abziehen und würfeln.
Das Auberginenfleisch mit den Zwiebelwürfeln, dem Gehackten, dem Ei und dem Brötchen vermengen und mit Salz und Pfeffer abschmecken. Die Masse in die Auberginenhälften füllen.
Die Margarine in einer Auflaufform zerlassen und die Auberginen darin anbraten.
Die Tomaten kurze Zeit in kochendes Wasser legen, in kaltem Wasser abschrecken, enthäuten und kleinschneiden. Die Tomatenstücke mit der Sahne zu den Auberginen geben. Die Auberginen gar schmoren lassen und aus der Flüssigkeit nehmen.
Für die Soße das Weizenmehl mit dem Wasser anrühren, unter Rühren in die Flüssigkeit geben, zum Kochen bringen und etwa 5 Minuten schwach kochen lassen. Die Soße mit Salz abschmecken.
Die Petersilie und den Schnittlauch unterrühren, die Auberginenhälften wieder in die Soße geben und mit dem Käse bestreuen. Die Auflaufform auf dem Rost in den Backofen schieben.
Schmorzeit für die Auberginen: Etwa 40 Minuten.
Einstellung für den Backofen:
Gas: 5 Minuten vorheizen 4—5, backen 4—5.
Strom: 200—225.
Backzeit: 8—10 Minuten.

Kräuterreis

1 Zwiebel
2 l Fleischbrühe (Brühwürfel)
Salz
250 g Brühreis
Butter
1 Bund gemischte, gehackte Kräuter
(Dill, Estragon, Zitronenmelisse, Petersilie)

Die Zwiebel abziehen, würfeln und mit der Fleischbrühe zum Kochen bringen. Mit Salz würzen.
Den Brühreis waschen, hineingeben, zum Kochen bringen und ausquellen lassen. Den garen Reis auf ein Sieb geben, mit kaltem Wasser übergießen und gut abtropfen lassen.
Butter erhitzen, den Reis darin schwenken und mit Kräutern vermengen.
Kochzeit: Etwa 20 Minuten.

Salat „Côte d'Azur"

3 Tomaten
1 Paprikaschote
1 Zwiebel
1 Kopf Salat
4 spanische Oliven, mit Paprika gefüllt

Die Tomaten waschen, abtrocknen und achteln. Die Paprikaschote putzen, waschen und in Streifen schneiden. Die Zwiebeln abziehen und in Ringe schneiden.
Den Salat putzen, waschen, abtropfen lassen und in kleine Stücke zerpflücken.
Die Oliven in Scheiben schneiden.

Salatsoße:
3 Eßl. Salatöl
2 Eßl. Essig
1 Teel. Salz
1/2 gestrichener Teel. Currypulver
Senf
Pfeffer
Zucker

Für die Salatsoße das Öl mit dem Essig, dem Salz, dem Currypulver und Senf verrühren, mit Pfeffer und Zucker abschmecken.
Die Salatsoße mit den Zutaten vermengen und durchziehen lassen.

Krokantring

(Abb. S. 85)

Krokant:

1½ Eßl. Butter
60 g (3 schwach gehäufte Eßl. Zucker)
100 g abgezogene, gehackte Mandeln

Für den Krokant die Butter mit dem Zucker unter Rühren so lange erhitzen, bis der Zucker schwach gebräunt ist. Die Mandeln unterrühren und unter ständigem Rühren erhitzen, bis der Krokant genug gebräunt ist. Die Masse auf eine geölte Platte geben, erkalten lassen und evtl. in kleine Stücke zerstoßen.

Pudding:

2 Päckchen Pudding-Pulver Vanille-Geschmack
80 g (4 schwach gehäufte Eßl. Zucker)
gut 1/8 l (125 ml) kalte Milch
1 l kalte Milch
etwa 250 g Aprikosen (Dose)
Schlagsahne

Aus dem Päckchen Pudding-Pulver, dem Zucker und der Milch nach der Vorschrift auf dem Päckchen (aber nur mit gut 1/8 l — 125 ml Milch) einen Pudding zubereiten, in eine mit kaltem Wasser ausgespülte Kranzform füllen und kalt stellen. Den Pudding auf einen Teller stürzen und mit dem Krokant bestreuen.
Die Aprikosen abtropfen lassen, den Saft auffangen, 1/4 l (250 ml) davon abmessen und die Aprikosen in die Mitte des Krokantringes geben. Mit Schlagsahne verzieren.

Aprikosensoße:

1/2 Apfelsine (ungespritzt)
1/4 l (250 ml) Aprikosensaft
1—2 Eßl. Orangenlikör

Für die Aprikosensoße die Apfelsine waschen, abtrocknen, dünn schälen und die Schale in sehr feine Streifen schneiden. Mit dem abgemessenen Aprikosensaft aufkochen lassen.
Den Orangenlikör unterrühren, die Soße erkalten lassen und zu dem Krokantring reichen.

Getränke-Empfehlung zum Hauptgericht:
Badischer Weißwein
Achkarrer Schloßberg
Ruländer Kabinett (s. S. 185).

Menüs für den Abend

Leberpastete „Sanna"

Minestrone

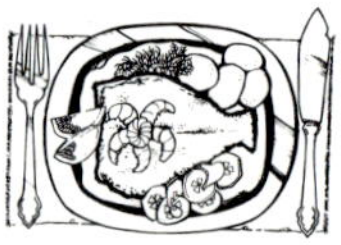

Muschel-Pizza
Radicchio mit Feldsalat

Zabaione

Villa Cerna
Chianti Classico vecchio

Leberpastete „Sanna"

4 Scheiben Graubrot oder getoastete Weißbrotscheiben
Butter
4 Scheiben Leberpastete
1 Zwiebel
1 hartgekochtes Ei
3—4 Gewürzgurken
einige Oliven
geriebener Käse
Salatblätter
Tomatenecken

Die Brotscheiben mit Butter bestreichen und mit je einer Scheibe Leberpastete belegen.
Die Zwiebel abziehen, in Ringe schneiden und in zerlassener Butter leicht rösten.
Das Ei pellen und in Scheiben schneiden.
Die Gewürzgurken fächerartig schneiden.
Die Brote mit Zwiebelringen, Eischeiben, Gewürzgurken, Oliven und Käse garnieren, auf einer mit Salatblättern belegten Platte anrichten und mit Tomatenecken garnieren.

Minestrone

2 Zwiebeln
75 g durchwachsener Speck
4—5 Eßl. Speiseöl
1 halbe kleine Sellerieknolle
2 Stangen Porree
250 g Möhren
250 g Weißkohl (vorbereitet gewogen)
1½ l Wasser
4 gestrichene Eßl. Instant Klare Fleischbrühe
125 g Spaghetti
250 g enthäutete Tomaten
100 g gedünstete Erbsen
geriebener Käse

Die Zwiebeln abziehen und mit dem Speck in Würfel schneiden.
Das Öl erhitzen und die Zwiebel- und die Speckwürfel darin andünsten.
Die Sellerieknolle schälen und waschen.
Die Porreestangen putzen, gründlich waschen.
Die Möhren putzen, schrappen und waschen.
Den Weißkohl waschen. Das Gemüse in Streifen schneiden (Porree evtl. nochmals waschen), zu der Speck-Zwiebelmischung geben und mitdünsten lassen. Das Wasser hinzugießen. Instant Klare Fleischbrühe unterrühren und zum Kochen bringen.
Die Spaghetti in fingerlange Stücke brechen, in die kochende Suppe geben und gar kochen lassen.
Die enthäuteten Tomaten in Würfel schneiden.
Tomatenwürfel und Erbsen kurz vor Beendigung der Garzeit in die Suppe geben und miterhitzen.
Die Suppe nach Belieben mit geriebenem Käse bestreuen.
Garzeit: Etwa 35 Minuten.

Muschel-Pizza

Teig:
300 g Weizenmehl
1 Päckchen Dr. Oetker Hefe
4 Eßl. Speiseöl
1 gestrichener Teel. Salz
knapp 1/8 l (125 ml) lauwarme Milch

Für den Teig das Mehl in eine Schüssel sieben und mit der Hefe sorgfältig vermischen.
Die übrigen Zutaten hinzufügen und alles mit einem elektrischen Handrührgerät mit Knethaken zuerst auf der niedrigsten, dann auf der höchsten Stufe in etwa 5 Minuten zu einem Teig verarbeiten.
Den Teig an einem warmen Ort stehenlassen, bis er etwa doppelt so hoch ist und ihn dann mit einem elektrischen Handrührgerät auf der höchsten Stufe nochmals gut durchkneten.
Den Teig halbieren und jede Teighälfte zu einer runden Platte von etwa 20 cm Durchmesser ausrollen und auf ein Backblech legen.

Belag:
Etwa 250 g Champignons (Dose)
2 Dosen (je 180 g) spanische Muscheln in pikanter Sauce
200 g gekochter Schinken
4 enthäutete Tomaten
10 spanische Oliven, mit Paprika gefüllt
250 g Mozzarella-Käse
5 kleine rote Pfefferschoten
1/2 Eßl. grüne Pfefferkörner
1/2 Teel. getrockneter Oregano
1/2 Teel. getrocknetes Basilikum
getrockneter Salbei
getrockneter Rosmarin
4 Eßl. Olivenöl

Für den Belag Champignons und Muscheln abtropfen lassen und die Champignons halbieren.
Schinken und Tomaten in Stücke und Oliven in Scheiben schneiden.
Die Zutaten mit den Pfefferschoten und dem in Stücke geschnittenen Käse auf die beiden Pizza-Böden verteilen, mit den Gewürzen bestreuen, mit Olivenöl beträufeln und nochmals an einem warmen Ort stehenlassen, bis der Teig etwa doppelt so hoch ist. Das Backblech erst dann in den Backofen schieben.
Gas: 4—5.
Strom: 200—225.
Backzeit: Etwa 25 Minuten.

Radicchio mit Feldsalat

150 g Radicchio
100 g Feldsalat

Den Radicchio und den Feldsalat putzen, waschen und abtropfen lassen.

Salatsoße:
4—5 Eßl. Salatöl
2 Eßl. Essig
1 Teel. Senf
Salz
Pfeffer
Zucker
1 abgezogene, gewürfelte Zwiebel
1 Teel. gehackte Petersilie
1 Teel. feingeschnittener Schnittlauch

Für die Salatsoße das Öl mit dem Essig, dem Senf, Salz, Pfeffer und Zucker zu einer dicklichen Soße verrühren. Die Zwiebelwürfel und die Kräuter unterrühren.
Den Salat mit der Soße vermengen.

Zabaione

4 Eigelb
40 g Zucker
8 Eßl. Marsala
Löffelbiskuits

Das Eigelb mit dem Zucker dickschaumig schlagen. Den Marsala hinzugeben und die Masse im Wasserbad oder auf der Automatikplatte dickschaumig schlagen.
Die Masse darf nicht kochen, da sie sonst gerinnt. Die Marsalacreme sofort in Gläser füllen und mit Löffelbiskuits servieren.

Getränke-Empfehlung zum Hauptgericht:

Italienischer Rotwein
Villa Cerna
Chianti Classico vecchio (s. S. 185).

Radicchio mit Käse

Gemüsesuppe „Julienne"

Fasan vom Grillspieß mit
Bratäpfeln
Kartoffelbrei

Ananas-Salat mit Eierlikörsahne

Bischoffinger Steinbuck

Radicchio mit Käse

250 g Radicchio
250 g Käse, z.B. Gouda

Die welken Blätter vom Radicchio entfernen und die Wurzeln schälen. Die Radicchioblätter abzupfen, die Wurzeln in Scheiben schneiden, waschen und gut abtropfen lassen.
Den Käse in feine Streifen schneiden.

Salatsoße:
3 Eßl. Salatöl
2—3 Eßl. Essig
Salz
Zucker
Pfeffer
Essig

Für die Salatsoße das Öl mit dem Essig, Salz, Zucker und Pfeffer zu einer dicklichen Soße verrühren. Radicchio und Käse mit der Soße vermengen und den Salat mit Salz, Zucker und evtl. Essig abschmecken.

Gemüsesuppe „Julienne"

150 g Möhren
1/2 Sellerieknolle
1/2 Stange Porree (längs halbiert)
150 g Wirsing oder Weißkohl
3 Eßl. Speiseöl
1 l Wasser
3 gestrichene Eßl. Instant Klare Delikatess-Brühe
Salz
Pfeffer
Zucker
gehackte Petersilie

Das Gemüse putzen, waschen und in etwa gleichlange Streifen schneiden.
Das Öl erhitzen und das Gemüse darin andünsten.
Das Wasser hinzugießen, die Brühe unterrühren, zum Kochen bringen und gar kochen lassen.
Die Suppe mit Salz, Pfeffer und Zucker abschmekken und mit Petersilie bestreuen.
Kochzeit: Etwa 30 Minuten.

Fasan vom Grillspieß mit Bratäpfel

(Abb. S. 95)

2 küchenfertige Fasane (je etwa 1 kg) *Salz* *Zwiebelpulver* *6—8 Wacholderbeeren*	Die Fasane waschen, abtrocknen und innen mit Salz, Zwiebelpulver und den zerdrückten Wacholderbeeren einreiben. Hintereinander auf den Grillspieß stecken und in den vorgeheizten Grill setzen. Grillzeit: Etwa 45 Minuten.
Bratäpfel: *4 Äpfel* *Butter* *4 Eßl. Preiselbeerkompott* *blaue Weintrauben* *Petersilie*	Für die Bratäpfel die Äpfel waschen, abtrocknen und von jedem Apfel einen Deckel abschneiden. Die Äpfel in eine flache, mit Butter gefettete Auflaufform setzen und in den vorgeheizten Backofen schieben. Die Fasane mit den Äpfeln auf einer Platte anrichten. Auf jeden Apfel einen Eßlöffel Preiselbeerkompott geben und mit Weintrauben und Petersilie garnieren. Gas: 3—4. Strom: 200—225. Backzeit: 35—45 Minuten. Beilage: Kartoffelbrei.

Ananas-Salat mit Eierlikörsahne

Etwa 500 g Ananasscheiben (Dose) *2 Kiwis* *250 g blaue Weintrauben* *2 säuerliche Äpfel* *30 g in Scheiben geschnittene Haselnußkerne* *½ Eßl. gehackte Pistazien* *10 halbierte Maraschinokirschen*	Die Ananasscheiben abtropfen lassen und den Saft auffangen. Die Ananasscheiben in kleine Stücke schneiden. Die Kiwis schälen, halbieren und in dünne Scheiben schneiden. Die Weintrauben waschen, halbieren und entkernen. Die Äpfel schälen, vierteln, entkernen und in Stifte schneiden.
Salatsoße: *5 Eßl. Ananassaft* *2—3 Eßl. Zitronensaft* *Zucker* *2—3 Eßl. Kirschwasser*	Für die Salatsoße den Ananassaft, den Zitronensaft, Zucker und das Kirschwasser verrühren, mit den Salatzutaten mischen und im Kühlschrank durchziehen lassen. Evtl. nochmals mit Zitronensaft und Zucker abschmecken. →

Eierlikörsahne:
1/4 l (250 ml) Sahne
1 Päckchen Sahnesteif
1 Teel. Zucker
5 Eßl. Eierlikör

Für die Eierlikörsahne die Sahne etwa 1/2 Minute schlagen, unter ständigem Schlagen das mit Zucker gemischte Sahnesteif einstreuen, und die Sahne steif schlagen. Den Eierlikör unterheben.
Den gut gekühlten Salat mit der Eierlikörsahne servieren.

Getränke-Empfehlung zum Hauptgericht:

Badischer Weißwein
Bischoffinger Steinbuck
Ruländer (s. S. 185).

Weinbergschnecken „Burgunder Art"

Französischer Lammfleischtopf
Salzkartoffeln oder Stangenweißbrot
Gemischter Salat

Obstsalat mit Sherry und Pistaziensahne

Château de Portets Graves AC

Weinbergschnecken „Burgunder Art"

(Abb. S. 100/101)

24 Schnecken (Dose) mit Schneckenhäusern
60—80 g weiche Butter
2 feingewürfelte Schalotten oder
1/2 abgezogene, gehackte Zwiebel
1 abgezogene, gehackte Knoblauchzehe
1 Eßl. feingehackte Petersilie
Salz
Pfeffer

Die Schneckenhäuser in heißem Wasser reinigen und abtropfen lassen.

Je 1/2 Teelöffel von der Schneckenflüssigkeit in die Schneckenhäuser füllen und die Schnecken hineingeben.

Die Butter schaumig rühren, die Schalotten (gehackte Zwiebel), die Knoblauchzehe und die Petersilie hinzufügen. Die Zutaten gut verrühren und mit Salz und Pfeffer abschmecken.

Die gefüllten Schneckenhäuser mit der Kräuterbutter bestreichen, in flache, feuerfeste Schalen (mit Salz gefüllt) oder in Schneckenpfannen setzen und die Pfannen in den Backofen stellen.

Gas: 5 Minuten vorheizen 5—6, dünsten 5—6.
Strom: 225—250.
Dünstzeit: 10—15 Minuten.

Französischer Lammfleischtopf

1 kg Lammfleisch (aus der Keule, ohne Knochen)
2 Eßl. Olivenöl
4 Zwiebeln
2 Knoblauchzehen
Salz
Pfeffer
2 Messerspitzen gemahlener Koriander
1/2 l (500 ml) trockener Weißwein
1/2 Apfelsine (ungespritzt)
Weißwein oder Wasser
1/8 l(125 ml) saure Sahne
1 Eßl. gehackte Petersilie oder gemischte Kräuter
Zucker

Das Fleisch waschen, abtrocknen, vom Fett befreien und in etwa 3 x 3 cm große Würfel schneiden.

Das Öl in einem Bräter oder einer feuerfesten Form (mit Deckel) erhitzen und das Fleisch von allen Seiten gut darin anbraten.

Die Zwiebeln und die Knoblauchzehen abziehen, achteln, zu dem Fleisch geben und kurze Zeit miterhitzen. Mit Salz, Pfeffer und Koriander würzen. Den Weißwein hinzugießen.

Die Apfelsine schälen und die Schale zu dem Fleisch geben. Den Bräter (Form) mit dem Deckel verschließen und auf dem Rost in die Fettpfanne stellen.

Verdampfte Flüssigkeit nach und nach durch Weißwein oder Wasser ersetzen.

Die Sahne und die Kräuter unter den garen Lammfleischtopf rühren, gut durchziehen lassen und evtl. mit Salz, Zucker und Pfeffer abschmecken.

Gas: Etwa 4.
Strom: Etwa 225.
Garzeit: Etwa 1 1/2 Stunden.
Beilage: Salzkartoffeln oder Stangenweißbrot, gemischter Salat.

Obstsalat mit Sherry und Pistaziensahne

2—3 Apfelsinen
2 große Bananen
4 Pfirsichhälften (Dose)
oder 2 frische Pfirsiche
250 g Weintrauben
2 Eßl. Wasser
2 Eßl. Zucker
1 Teel. Vanillin-Zucker
2 Eßl. Zitronensaft
4—5 Eßl. Cream Sherry
1—2 Eßl. Cream Sherry

Die Apfelsinen schälen und so teilen, daß immer 2—3 Spalten zusammenbleiben. Diese Stücke in Scheiben schneiden.
Die Bananen abziehen und in Scheiben schneiden.
Die Pfirsichhälften abtropfen lassen oder die frischen Pfirsiche kurze Zeit in kochendes Wasser legen, in kaltem Wasser abschrecken, enthäuten, halbieren und entkernen.
Die Pfirsichhälften in Scheiben schneiden.
Die Weintrauben waschen, halbieren und entkernen.
Das Obst in eine große Glasschüssel geben und vermengen.
Das Wasser mit dem Zucker, dem Vanillin-Zucker und dem Zitronensaft aufkochen, den Cream Sherry (4—5 Eßl.) unterrühren und vorsichtig mit dem Obst vermengen. Den Obstsalat mehrere Stunden kalt stellen, zwischendurch zweimal umrühren und evtl. noch Cream Sherry (1—2 Eßl.) hinzufügen.

Pistaziensahne:
1/4 l (250 ml) Sahne
1 Päckchen Sahnesteif
1 Teel. Zucker
1 Teel. Vanillin-Zucker
25 g feingehackte Pistazien

Für die Pistaziensahne die Sahne mit dem Sahnesteif, dem Zucker und dem Vanillin-Zucker steif schlagen und die Pistazien unterrühren.
Die Pistaziensahne zu dem Obstsalat reichen.

Getränke-Empfehlung zum Hauptgericht:
Französischer Rotwein
Château de Portets Graves AC.

Staudensellerie mit Roquefort

Wildpastete
Stangenweißbrot
Bunter Salat

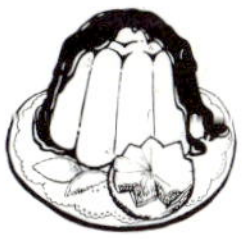

Joghurt-Sahnecreme

Endinger Tannacker

Staudensellerie mit Roquefort

4 Stengel Staudensellerie (150—200 g, ohne Grün gewogen)
Salz
Zitronensaft
100 g Roquefort
2—3 Eßl. Sahne

Die Selleriestengel putzen, waschen, abtrocknen, auf eine Platte legen und mit Salz und Zitronensaft beträufeln.

Den Roquefort verrühren und nach und nach die Sahne unterrühren. So lange rühren, bis eine geschmeidige Masse entstanden ist. Die Masse auf die Stengel spritzen.

Wildpastete

(Abb. S. 106)

1 kg Wildgulasch
2 Eßl. Kokosfett
2 Eßl. Weinbrand
Salz
Pfeffer
375 g Speck
etwa 230 g Champignons (Dose)
25 g Pistazien
4 Eßl. Rotwein
2 Eßl. Sherry
1/5 l (200 ml) Sahne
Kräuter der Provence
250 g Geflügelleber
1 Eßl. Butter
2—3 Lorbeerblätter
1 l warmes Wasser
etwa 3/4 l (750 ml) warmes Wasser
2 gestrichene Teel. Gelatine gemahlen, weiß
2 Eßl. kaltes Wasser
1/5 l (200 ml) Madeira
Fleischextrakt

Das Gulasch waschen und abtrocknen.

Das Fett erhitzen und das Gulasch gut darin anbraten. Mit dem Weinbrand beträufeln und mit Salz und Pfeffer würzen. Erkalten lassen und durch den Fleischwolf drehen.

Den Speck in Streifen schneiden, zweimal durch den Fleischwolf drehen, mit einem elektrischen Handrührgerät mit Rührbesen geschmeidig rühren und nach und nach das Wildfleisch hinzufügen.

Die Champignons abtropfen lassen, 2/3 in Scheiben schneiden (die restlichen zurücklassen) und etwa 2/3 von den Pistazien hacken (die restlichen zum Garnieren zurücklassen).

Die Champignonscheiben, die gehackten Pistazien mit dem Rotwein, dem Sherry und der Sahne zu dem Wildfleisch geben. Kräftig mit Salz, Pfeffer und Kräutern der Provence würzen. Die Leber waschen, abtrocknen, evtl. Hautreste entfernen, in der erhitzten Butter von allen Seiten anbraten und mit Salz und Pfeffer würzen, etwas abkühlen lassen.

Etwa die Hälfte der Wildmasse in eine Pastetenform (Inhalt 1 1/2 l) geben, leicht andrücken, die Leber darauf verteilen und mit der restlichen Wildmasse bedecken, andrücken. →

Mit den zurückgelassenen Pistazien, den zurückgelassenen, halbierten Champignons garnieren und mit den Lorbeerblättern belegen.
Die Form mit dem Deckel verschließen, in die Fettpfanne stellen und in den Bratofen setzen.
Das Wasser (1 l) in die Fettpfanne gießen, nach der Hälfte der Garzeit das lauwarme Wasser (etwa 3/4 l — 750 ml) hinzugießen.
Das Fett von der garen Pastete abgießen. Die Pastete mit einem Teller oder Brettchen abdecken, mit einem mit Wasser gefüllten Topf beschweren und erkalten lassen. Die Gelatine mit dem Wasser anrühren, 10 Minuten zum Quellen stehenlassen und unter Rühren erhitzen, bis sie gelöst ist. Den Madeira mit dem Fleischextrakt würzen, die lauwarme Gelatinelösung unterrühren, über die Pastete gießen, erstarren lassen und 2—3 Tage kalt stellen.
Gas: 3—4.
Strom: 200—225.
Garzeit: Etwa 2 Stunden.
Beigabe: Cumberlandsoße (Glas), Sahne-Meerrettich, Stangenweißbrot.

Bunter Salat

1 Kopf Salat
250 g Tomaten
1 Bund Radieschen
2—3 rote Zwiebeln
1/2 Salatgurke
15—20 Oliven
1 Kästchen Kresse
einige Artischockenherzen

Die Salatzutaten putzen, waschen, abtropfen lassen und auf 4 Salattellern anrichten.

Salatsoße:
1 Becher (150 g) Crème fraîche
Salz
Pfeffer
Zucker
1 Eßl. Essig
2—3 Eßl. gehackte Kräuter

Für die Salatsoße das Crème fraîche mit Salz, Pfeffer, Zucker und dem Essig verrühren und über dem Salat verteilen.
Die Salatportionen mit den Kräutern bestreuen.

Joghurt-Sahnecreme

1 Päckchen Gelatine gemahlen, weiß
3 Eßl. kaltes Wasser
1 Becher (150 g) Joghurt
1/8 l (125 ml) Milch
1 Päckchen Vanillin-Zucker
Saft von 1 Zitrone
3 gut gehäufte Eßl. Zucker
1/8 l (125 ml) Sahne
Schokoladenstreusel

Die Gelatine mit dem Wasser anrühren, 10 Minuten zum Quellen stehenlassen, unter Rühren erwärmen, bis sie gelöst ist und kühl stellen.
Unter das Joghurt die Milch, den Vanillin-Zucker, den Zitronensaft und die lauwarme Gelatinelösung mit dem Zucker rühren und kalt stellen.
Sobald die Speise anfängt dicklich zu werden, die steifgeschlagene Sahne unterheben, die Creme in Gläser füllen und mit Schokoladenstreuseln garnieren.

Getränke-Empfehlung zum Hauptgericht:
Badischer Weißwein
Endinger Tannacker
Gewürztraminer Kabinett (s. S. 185).

Spanischer Salat

Fondue bourguignonne
Bauernbrot oder Stangenweißbrot
China-Soße, süß-scharf
Cumberland-Soße
Piccalilli-Soße
Apfel-Meerrettich

Vanille-Eis für Schlemmer

Nederburg Paarl Pinotage

Spanischer Salat

5 Tomaten *½ Salatgurke* *3 Paprikaschoten* *1 Kopf Salat* *2—3 rote Zwiebeln*	Die Tomaten und die Salatgurke waschen, abtrocknen und in Scheiben schneiden. Die Paprikaschoten putzen, waschen und in Streifen schneiden. Den Salat putzen, waschen, abtropfen lassen und in kleine Stücke zerpflücken. Die Zwiebeln abziehen und in Ringe schneiden.
Salatsoße: *3 Eßl. Olivenöl* *4 Eßl. Essig* *1 Eßl. Wasser* *gehackte Petersilie* *feingeschnittener Schnittlauch* *Salz* *Pfeffer* *Zucker* *Eischeiben* *spanische Oliven* *rote Paprikaschoten-Streifen*	Für die Salatsoße das Öl mit dem Essig, dem Wasser, Petersilie und Schnittlauch verrühren und mit Salz, Pfeffer und Zucker abschmecken. Die Soße mit den Salatzutaten vermengen, kurz durchziehen lassen, den Salat evtl. nochmals mit Salz, Pfeffer, Zucker abschmecken und mit Eischeiben, Oliven und Paprikaschoten-Streifen garnieren.

Fondue bourguignonne

(Abb. S. 110)

800 g Rinderfilet *oder Roastbeef* *1 l Speiseöl oder* *1 kg Kokosfett* *Salz* *Pfeffer*	Das Fleisch waschen, abtrocknen, enthäuten, in etwa 3 cm große Stücke schneiden und in Schälchen anrichten. Das Öl oder Kokosfett in einem Fonduetopf erhitzen und auf einem Rechaud köcheln lassen. Das Fleisch auf Fonduegabeln spießen, in dem Fett garen lassen, mit Salz und Pfeffer bestreuen und in eine der nachfolgenden Soßen tauchen. Beilage: Bauernbrot, Stangenweißbrot, Radieschen, Gurken, Mixed pickles, Senffrüchte, eingelegte Paprikastreifen.

Salz

China-Soße, süß-scharf

2 Eßl. Speiseöl
2 abgezogene, gewürfelte Zwiebeln
1 abgezogene, gewürfelte Knoblauchzehe
1/8 l (125 ml) Sherry medium
3 Eßl. Tomatenketchup
Chili- oder Tabascosauce
Salz

Das Öl erhitzen und die Zwiebel- und Knoblauchwürfel etwa 3 Minuten darin dünsten lassen.
Den Sherry mit dem Tomatenketchup hinzufügen, aufkochen lassen und mit Chili- oder Tabascosauce und Salz abschmecken. Die Soße zugedeckt abkühlen lassen.

Cumberland-Soße

1 Apfelsine (ungespritzt)
1 Zitrone (ungespritzt)
1 abgezogene, gewürfelte Zwiebel oder Schalotte
3 Eßl. Rotwein
250 g rotes Johannisbeergelee
1—2 Teel. Senf
1 Eßl. Portwein
1 Eßl. Apfelsinensaft
gemahlener Ingwer
Salz
Cayennepfeffer

Die Apfelsine und die Zitrone heiß waschen, abtrocknen, hauchdünn schälen und die Schale in sehr feine Streifen schneiden. Mit der Zwiebel (Schalotte) in dem Rotwein zum Kochen bringen und so lange kochen lassen, bis der Rotwein verkocht ist, erkalten lassen und mit dem Johannisbeergelee verrühren.
Den Senf mit dem Portwein und dem Apfelsinensaft verrühren, in die Soße geben, und die Soße mit Ingwer, Salz und Cayennepfeffer abschmecken.

Piccalilli-Soße

2 Eßl. Piccalilli (Senf-Pickles)
50 g Mayonnaise (Glas)
50 ml saure Sahne
2 hartgekochte, gehackte Eier

Piccalilli fein hacken und mit der Mayonnaise, der sauren Sahne und den gehackten Eiern verrühren.

Apfel-Meerrettich

250 g Äpfel *3 Eßl. Weinessig* *1 Eßl. Zucker* *2 Eßl. geriebener Meerrettich (Glas)* *Salz*	Die Äpfel schälen, bis zum Kerngehäuse abreiben, mit dem Weinessig, dem Zucker, dem Meerrettich verrühren und mit Salz abschmecken.

Vanille-Eis für Schlemmer

2 Eigelb *75 g Zucker* *1/2 Vanillestange* *1/4 l (250 ml) Sahne*	Das Eigelb mit dem Zucker schaumig schlagen. Das Mark aus der Vanilleschote kratzen und unterrühren. Die Sahne steif schlagen und unter die Eigelbcreme heben. Die Masse in eine Eisschale geben und im Gefrierfach des Kühlschranks 3—4 Stunden gefrieren lassen. Beigabe: Gezuckerte Beerenfrüchte, Eiswaffeln. Getränke-Empfehlung zum Hauptgericht: Südafrikanischer Rotwein Nederburg Paarl Pinotage (s. S. 185).

Sekt mit Ananas

Königin-Pasteten

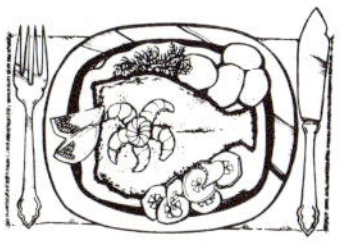

Gebeizter Lachs mit Tatarensoße
Toast, Butter

Kleine Käseplatte
Stangenweißbrot, Butter

Weinbrand-Aprikosen

Johannisberger Hansenberg

Sekt mit Ananas

4 Eßl. Ananasstreifen (Dose)
eisgekühlter Söhnlein-Sekt „Rheingold"

Die Ananasstreifen auf 4 Gläser verteilen und mit Sekt auffüllen.

Königin-Pasteten

Füllung:
200—250 g gekochtes Hühnerfleisch (ohne Haut)
100 g Champignons (Dose)
2 Eßl. Butter oder Margarine
1 Teel. Zwiebelwürfel
1/8 l (125 ml) Sahne
1 gehäufter Teel. Speisestärke, z.B. Gustin
1 Eßl. kalte Milch
Salz
2—3 Eßl. Weißwein
1 Eßl. Mayonnaise
Kapern
gehackter Dill

Für die Füllung die Champignons abtropfen lassen und mit dem Hühnerfleisch in Würfel schneiden. Das Fett zerlassen und die Zwiebelwürfel darin hellgelb dünsten lassen. Die Sahne, das Hühnerfleisch und die Champignonwürfel hinzufügen, zum Kochen bringen. Die Speisestärke mit der Milch anrühren, das Hühnerfleisch damit binden und mit Salz und dem Weißwein abschmecken. Nach Belieben die Mayonnaise, Kapern und Dill hinzufügen.

4 fertig gekaufte Pasteten
Butter
Zitronenscheiben
Worcestersauce

Von den Pasteten Hülsen und Deckel auf ein Backblech legen und im Backofen aufwärmen.
Butter in Flöckchen in die heißen Pasteten geben.
Die Füllung heiß hineingeben und darauf achten, daß nicht zuviel von der Füllung über den Rand läuft, da sonst die krustige Blätterteigpastete weich wird.
Die Deckel lose auf die Füllung legen und die Pasteten mit Zitronenscheiben und Worcestersauce anrichten.
Gas: 5 Minuten vorheizen 3—4, aufwärmen 3—4.
Strom: 200—225.
Zeit zum Aufwärmen: Etwa 5 Minuten.

Gebeizter Lachs

1 kg küchenfertiger Lachs im Stück (Mittel- oder Schwanzstück)
3 Bund Dill
1 Eßl. Zucker
2 Eßl. grobes Salz
1 Eßl. zerdrückte, weiße Pfefferkörner
1 Eßl. zerdrückte Wacholderbeeren

Den Lachs schuppen, unter fließendem kaltem Wasser abspülen, trockentupfen und längs halbieren. Die Mittelgräte und die Seitengräten entfernen und die kleineren Gräten mit einer Pinzette herausziehen.
Den Dill waschen, abtrocknen und grob hacken (Stiele mitverwenden).
Den Zucker mit dem Salz, den zerdrückten Pfefferkörnern und Wacholderbeeren vermengen und die Fischstücke damit einreiben.
Ein Fischstück mit der Hautseite nach unten in eine Porzellanschüssel legen, mit dem Dill bestreuen, das andere Stück mit der Innenseite darauf legen und mit Alufolie bedecken.
Einen Teller oder ein Holzbrett darauf legen und mit einem Stein oder einer geschlossenen, gefüllten Konservendose beschweren.
Den Fisch an einem kühlen Ort (Kühlschrank) 24—36 Stunden stehenlassen und ab und zu mit der sich sammelnden Beize begießen.
Den Fisch aus der Beize nehmen, trockentupfen, mit einem sehr scharfen Messer (Lachsmesser) in sehr dünne Scheiben schneiden und auf einer Platte anrichten.
Beigabe: Toast, Butter.

Tatarensoße

3 gehäufte Eßl. Mayonnaise
2—3 gehäufte Eßl. saure Sahne
2 hartgekochte Eier
1 Eßl. feingeschnittener Schnittlauch
1 gehäufter Teel. gehackte Petersilie
1 Teel. gehackter Dill
Salz
Pfeffer

Für die Tatarensoße die Mayonnaise mit der Sahne verrühren.
Die Eier pellen, fein hacken und mit den Kräutern zu der Mayonnaise geben.
Die Soße mit Salz und Pfeffer abschmecken.

Kleine Käseplatte

1 Stück Weinbergkäse
1 Stück Holländer Gouda
1 Stück Brie
1 Stück Appenzeller Käse
1 Stück Walnußkäse
1 Stück Pfefferkäse
Weintrauben
kandierte Kirschen
Salatgurke
Radieschen
Dill
Oliven
Mandarinenspalten

Den Käse auf einem Holzbrett anrichten und mit Weintrauben, kandierten Kirschen, Salatgurkenscheiben, Radieschen, Oliven, Mandarinenspalten und Dill garnieren.
Beigabe: Stangenweißbrot, Butter.

Weinbrand-Aprikosen

8 reife Aprikosen
150 g (6 gut gehäufte Eßl.) Zucker
6 Eßl. Weinbrand

Die Aprikosen waschen, abtrocknen, mit einem Hölzchen rundherum einstechen, in eine Schale geben, mit dem Zucker bestreuen, den Weinbrand darüber verteilen und zugedeckt einige Stunden stehenlassen (die Aprikosen ab und zu wenden).
Danach die Aprikosen aus der Flüssigkeit nehmen und je eine in ein Glas geben. Zucker und Weinbrand einmal kurz aufkochen lassen (Zucker muß gelöst sein), über die Aprikosen verteilen und alles erkalten lassen.

Zum Verzieren:
1/8 l — 1/4 l (125 ml — 250 ml) Sahne
1 Päckchen Sahnesteif

Die gut gekühlte Sahne etwa 1/2 Minute schlagen, das Sahnesteif unter ständigem Schlagen einstreuen, die Sahne steif schlagen und in einen Spritzbeutel füllen. Die Aprikosen mit der Schlagsahne verzieren.

Getränke-Empfehlung zum Hauptgericht:

Rheingauer Weißwein
Johannisberger Hansenberg
Riesling „klassisch-trocken" (s. S. 185).

Sekt-Sour

Möhrensuppe „Sybille“

Lammspieße mit Erdnuß-Soße
Bauernbrot
Eisbergsalat

Feine Sahnecreme mit gezuckerten Beeren

Kleinbottwarer Brüssele Trollinger

Sekt-Sour

1 Stück Würfelzucker	Ein Stück Würfelzucker in ein Cocktailglas geben,
Zitronensaft	mit Zitronensaft bespritzen und mit „Söhnlein Bril-
Sekt „Söhnlein Brillant"	lant" auffüllen.
Orangenscheiben	Das Glas mit einer Orangenscheibe garnieren.

Möhrensuppe „Sybille"

500 g Möhren
1/4 l (250 ml) Wasser
1/2 l (500 ml) Instant Klare Fleischbrühe
1 Beutel Helle Soße
1 Eigelb
1 Eßl. Sahne
1 Eßl. gemischte, feingehackte Kräuter
Salz
Selleriesalz
weißer Pfeffer
Zucker
Zitronensaft
geröstete Weißbrotwürfel
feingehackte Petersilie

Die Möhren putzen, schrappen, waschen, kleinschneiden und in dem Wasser zum Kochen bringen. Etwa 20 Minuten kochen lassen und mit einem elektrischen Handrührgerät pürieren. Die heiße Instant Klare Fleischbrühe hinzugießen.

Die Helle Soße nach der Vorschrift auf dem Päckchen zubereiten, unter die Suppe rühren und zum Kochen bringen.

Das Eigelb mit der Sahne verschlagen und die Suppe damit abziehen. Die gemischten Kräuter unterrühren und die Möhrensuppe mit Salz, Selleriesalz, Pfeffer, Zucker und Zitronensaft abschmecken.

Die Möhrensuppe auf vorgewärmte Suppentassen verteilen, geröstete Weißbrotwürfel darauf geben und mit gehackter Petersilie bestreuen.

Kochzeit: Etwa 25 Minuten.

Lammspieße mit Erdnuß-Soße

800 g Lammschulter (ohne Knochen)
1 Zwiebel
1 Knoblauchzehe
1 Teel. Salz
3 Eßl. Speiseöl
1 Eßl. Currypulver
1 Teel. Ingwerpulver
2 Eßl. Zitronensaft
1 rote und 1 grüne Paprikaschote
100 g Frühstücksspeck
etwa 360 g Ananasscheiben (Dose)
1/8 l (125 ml) Speiseöl

Das Fleisch waschen, abtrocknen, von Fett und Sehnen befreien und in etwa 4 cm große Scheiben schneiden.
Die Zwiebel abziehen und fein würfeln. Die Knoblauchzehe abziehen und in Scheiben schneiden, mit dem Salz bestreuen und zerdrücken. Das Öl mit den Zwiebelwürfeln und dem Knoblauch in eine Schüssel geben. Das Currypulver, das Ingwerpulver und den Zitronensaft hinzufügen, verrühren, das Fleisch darin wenden und zugedeckt etwa 4 Stunden stehenlassen.
Die Paprikaschoten putzen, waschen und in etwa 4 cm große Stücke schneiden.
Den Frühstücksspeck in etwa 4 cm große Scheiben schneiden. Die Ananasscheiben abtropfen lassen und jede Scheibe in 6 Stücke schneiden.
Alle Zutaten abwechselnd auf Spieße stecken. Das Öl in einer Pfanne erhitzen und die Lammspieße darin gar braten lassen.
Bratzeit: Etwa 10 Minuten.

Erdnuß-Soße

1 Karree Doppelrahm-Frischkäse
50 g gemahlene Erdnußkerne
6 Eßl. Sahne
3 Eßl. Currysoße (Glas)
Salz

Den Frischkäse mit einer Gabel zerdrücken und mit den Erdnußkernen, der Sahne und der Currysoße verrühren. Die Soße mit Salz abschmecken und zu den Lammspießen reichen.
Beigabe: Bauernbrot.

Apéritif Kir

(Für 1 Person)

4 Gläschen trockener Weißwein
1 Gläschen Crème de Cassis
(schwarzer Johannisbeerlikör)

Den Weißwein mit der Crème de Cassis mischen. Gekühlt servieren.

Gurkensalat „Thullier"

2 Salatgurken
500 g Tomaten
1—2 Eßl. Speiseöl
Zitronensaft
Pfeffer

Die Salatgurken schälen, halbieren und entkernen. Die Tomaten waschen, halbieren und entkernen. Beide Zutaten in kleine Würfel schneiden. Das Speiseöl mit Zitronensaft und Pfeffer verrühren, über die Salatzutaten geben und etwa 2 Stunden durchziehen lassen.

Salatsoße:
4 gehäufte Eßl. Mayonnaise
gehackter Kerbel
gehackter Estragon
Salz
gewaschene Salatblätter
1 hartgekochtes Ei
gehackte Petersilie

Für die Salatsoße die Mayonnaise mit Kerbel und Estragon verrühren, mit Pfeffer und Salz abschmekken und mit den Salatzutaten vermengen. Den Salat auf Salatblättern anrichten. Das Ei pellen, kleinhacken und über dem Salat verteilen. Gehackte Petersilie darüber streuen.

Gulaschsuppe

4 grüne, rote und gelbe Paprikaschoten
300 g Zwiebeln
250 g Rindfleisch
100 g Schweineschmalz
3 Eßl. Tomatenmark
Salz
Paprika edelsüß
1 1/2 l Fleischbrühe (Brühwürfel)
2 abgezogene Knoblauchzehen
1/4 Teel. Kümmel
abgeriebene Schale von 1/2 Zitrone (ungespritzt)
evtl. 2 gestrichene Eßl. Speisestärke, z.B. Gustin
3 Eßl. kaltes Wasser

Die Paprikaschoten putzen, waschen und in feine Streifen schneiden.
Die Zwiebeln abziehen und in Scheiben schneiden.
Das Fleisch waschen, abtrocknen und in kleine Würfel schneiden.
Das Schmalz zerlassen und die Zwiebelscheiben darin goldgelb dünsten lassen. Die Paprikastreifen und das Tomatenmark hinzufügen und etwa 10 Minuten im geschlossenen Topf mitdünsten lassen.
Das Fleisch, Salz und Paprika hinzufügen und etwa 45 Minuten dünsten lassen.
Die Brühe, die sehr fein gehackten Knoblauchzehen und den Kümmel hinzugeben, zum Kochen bringen und weitere 30 Minuten kochen lassen.
Die Suppe mit der Zitronenschale und Salz abschmecken und nach Belieben mit der angerührten Speisestärke binden.
Garzeit: Etwa 1 1/4 Stunden.

Schinkenplatte

(Abb. S. 126/127)

500 — 600 g westfälischer Knochenschinken oder verschiedene Schinkensorten
Gewürzgurken
Salatgurke
Rettich
Radieschen
Tomaten
Petersilie

Den Schinken in Scheiben schneiden und auf einem Holzbrett anrichten.
Mit Gewürzgurken, Salatgurkenscheiben, Rettich, Radieschen, Tomaten und Petersilie garnieren.
Beigabe: Verschiedene Brotsorten, Butter.

Pfirsichsalat mit Rumsahne

Etwa 450 g Pfirsichhälften (Dose)
250 g grüne Weintrauben
1—2 säuerliche Äpfel
30 g abgezogene, gehobelte Mandeln

Die Pfirsichhälften abtropfen lassen und in Scheiben schneiden.
Die Weintrauben waschen, halbieren und entkernen.
Die Äpfel schälen, vierteln, entkernen und in Streifen schneiden.

Salatsoße:
1 Eßl. Honig
2 Eßl. Zitronensaft
1 Messerspitze gemahlener Zimt
2—3 Eßl. weißer Rum
Zitronensaft
Zucker

Für die Salatsoße den Honig mit dem Zitronensaft, dem Zimt und dem Rum verrühren, mit den Salatzutaten mischen und im Kühlschrank durchziehen lassen. Evtl. nochmals mit Zitronensaft und Zucker abschmecken.

Rumsahne:
1/8 l — 1/4 l (125 ml — 250 ml) Sahne
1 Päckchen Sahnesteif
1—2 Teel. Zucker
etwas Vanillin-Zucker
1—2 Eßl. weißer Rum

Für die Rumsahne die Sahne etwa 1/2 Minute schlagen, unter ständigem Schlagen das mit dem Zucker und Vanillin-Zucker gemischte Sahnesteif einstreuen, und die Sahne steif schlagen.
Den Rum unterheben.
Den gut gekühlten Salat mit der Rumsahne servieren.

Getränke-Empfehlung zum Hauptgericht:
Bier.

Festliche Menüs

Shrimps auf Artischockenböden

Avocadosuppe

Badischer Kalbsleberbraten
Kaiserspargel
Petersilienkartoffeln

Himbeerbombe mit Baiserhaube

Bischoffinger Enselberg

Shrimps auf Artischockenböden

12 Artischockenböden (Dose)
Zitronensaft
Worcestersauce
1 Packung (300 g) tiefgekühlte Cocktail-Shrimps

Die Artischockenböden abtropfen lassen, auf Glasteller legen und mit Zitronensaft und Worcestersauce beträufeln. Die aufgetauten Shrimps auf den Artischockenböden verteilen.

Soße:
4—5 Eßl. Tomatenketchup
2—3 Eßl. Sahne
1 Eßl. Weinbrand
Salz
Pfeffer
Zucker
spanische Oliven, mit Paprika gefüllt
Petersilie

Für die Soße das Tomatenketchup mit der Sahne und dem Weinbrand verrühren und mit Salz, Pfeffer und Zucker abschmecken.
Die Soße über die Shrimps geben und mit den in Scheiben geschnittenen Oliven und mit Petersilie garnieren.

Avocadosuppe

2 reife Avocados (etwa 500 g)
1 Zwiebel
1 Eßl. Margarine
1—2 Eßl. Weizenmehl
3/4 l (750 ml) Fleischbrühe (Brühwürfel)
1/8 l (125 ml) Sahne

Die Avocados halbieren, entkernen, das Fruchtfleisch aushöhlen und durch ein Sieb streichen. Die Zwiebel abziehen, in Würfel schneiden und in der zerlassenen Margarine andünsten. Das Mehl darüber stäuben und so lange durchdünsten lassen, bis es leicht gebräunt ist.
Die Fleischbrühe hinzugießen, zum Kochen bringen und einige Minuten kochen lassen. Die pürierten Avocados mit der Sahne verschlagen, in die Suppe rühren und kurze Zeit erhitzen.
Kochzeit: 3—4 Minuten.
Beigabe: Geröstete Weißbrotwürfel.

Badischer Kalbsleberbraten

800—900 g Kalbsleber im Stück
Salz
Pfeffer
getrockneter Thymian
1 gehäufter Eßl. Butterschmalz
2 Zwiebeln
200 g Tomaten
1/5 l (200 ml) Weißwein
250 g Champignons
etwa 1/8 l (125 ml) Sahne
1—2 Teel. Speisestärke, z.B. Gustin
1—2 Eßl. kaltes Wasser

Die Leber waschen, abtrocknen, evtl. Sehnen und Röhren entfernen und mit Salz, Pfeffer und Thymian würzen.
Das Butterschmalz erhitzen und die Leber darin von allen Seiten anbraten.
Die Zwiebeln abziehen, würfeln, hinzufügen und kurz mitdünsten lassen.
Die Tomaten kurze Zeit in kochendes Wasser legen, in kaltem Wasser abschrecken, enthäuten und in Achtel schneiden, zu der Leber geben und miterhitzen.
Den Weißwein hinzugießen und die Leber zugedeckt schmoren lassen.
Die Champignons putzen, waschen, vierteln oder achteln und etwa 15 Minuten vor Beendigung der Schmorzeit zu der Leber geben. Die Pilze mit Salz und Pfeffer bestreuen und mitschmoren lassen. Die gare Leber auf eine vorgewärmte Platte geben und warm stellen.
Für die Soße die Sahne zu der Schmorflüssigkeit geben, zum Kochen bringen und mit der im Wasser angerührten Speisestärke binden. Die Soße mit Salz und Pfeffer abschmecken. Die Leber erst kurz vor dem Servieren in Scheiben schneiden, damit sie ihre rosa Farbe behält.
Schmorzeit: 40—45 Minuten, je nach Dicke der Leber.

Kaiserspargel

1 kg Spargel
1/2 l (500 ml) kochendes Salzwasser

Den Spargel von oben nach unten schälen und darauf achten, daß Schalen und holzige Stücke völlig entfernt, die Köpfe aber nicht verletzt werden. Den Spargel waschen, in das Salzwasser geben, zum Kochen bringen, gar kochen und abtropfen lassen.

→

Soße:
1/4 l (250 ml) Weißwein
1 Teel. Speisestärke, z.B. Gustin
4 Eigelb
Salz
Zucker
75 g weiche Butter

Für die Soße den Weißwein in einen großen Topf geben. Die Speisestärke mit Eigelb, Salz und Zucker hinzufügen und unter ständigem Schlagen mit dem Schneebesen so lange erhitzen, bis eine Kochblase aufsteigt. Den Topf von der Kochstelle nehmen. Die Butter in kleinen Stücken unterschlagen. Den Topf evtl. nochmals auf die Kochstelle setzen und die Soße mit Salz und Pfeffer abschmecken.
Kochzeit für den Spargel: Etwa 30 Minuten.

Beilage: Petersilienkartoffeln.

Himbeerbombe mit Baiserhaube

(Abb. S. 134)

1 Päckchen Frost-Dessert Himbeergeschmack
1/5 l (200 ml) kalte Milch
2 Eßl. Maraschino
1 Eßl. Zitronensaft
1 gehäufter Eßl. Puderzucker
300 g Himbeeren
Speiseöl

Die Creme mit der Milch nach der Vorschrift auf dem Päckchen zubereiten. Den Maraschino und den Zitronensaft unterrühren. Den Puderzucker sieben. Die Himbeeren verlesen und mit dem Puderzucker unterheben (einige Himbeeren zum Garnieren zurücklassen). Die Speise in eine dünn mit Öl ausgestrichene Porzellan- oder Glasschale (Durchmesser etwa 15 cm) füllen und in 3—4 Stunden gefrieren lassen.

Baiser:
1 Eiweiß
50 g (2 gut gehäufte Eßl.) Zucker
Eiswaffeln

Für das Baiser das Eiweiß steif schlagen, es muß so fest sein, daß ein Messerschnitt sichtbar bleibt. Den Zucker unterschlagen und die Masse in einen Spritzbeutel mit gezackter Tülle füllen.
Das gefrostete Dessert auf einen Teller stürzen, mit dem Baiser verzieren und unter den vorgeheizten Grill schieben.
Grillzeit:
Gas: Etwa 3 Minuten.
Strom: 2—3 Minuten.
Die Himbeerbombe mit den zurückgelassenen Himbeeren und Eiswaffeln garnieren.

Getränke-Empfehlung zum Hauptgericht:

Badischer Weißwein
Bischoffinger Enselberg
Grauburgunder + Spätburgunder Kabinett trocken (s. S. 185).

Sekt mit Orangensaft

Avocados mit Krabben

Pfeffersuppe „Bellevue"

Wildschweinsteaks mit
Preiselbeer-Birnen
Herzogin-Kartoffeln

Sherrycreme

Aßmannshäuser Höllenberg

Avocados mit Krabben

2 Avocados
1 Eßl. Zitronensaft

Die Avocados waschen, abtrocknen, längs halbieren und entkernen. Das Fruchtfleisch bis auf einen etwa 1/2 cm breiten Rand herauslösen, in kleine Stücke schneiden und mit Zitronensaft beträufeln.

Füllung:
3 große Tomaten (frisch oder Dose)
1 Eßl. Mayonnaise
1 Eßl. saure Sahne
1 Teel. feingehackter Dill
Salz
Pfeffer
Zucker
Zitronensaft
Worcestersauce
100 g Krabbenfleisch
Zwiebelsalz

Die Tomaten waschen, abtrocknen, halbieren, entkernen und das Tomatenfleisch in kleine Würfel schneiden.
Die Mayonnaise, die Sahne und den Dill verrühren und mit Salz, Pfeffer, Zucker, Zitronensaft und Worcestersauce abschmecken. Die Krabben und Tomatenwürfel unterrühren und etwas durchziehen lassen.
Die Avocadohälften mit Zwiebelsalz ausstreuen und die Krabbenmasse hineinfüllen.

Zum Garnieren:
4 Salatblätter
Walnußkerne
Petersilie

Die Avocados auf gewaschenen Salatblättern anrichten und mit Walnußkernen und Petersilie garnieren.

Beigabe: Stangenweißbrot oder Toast.
Tip: Nur reife (weiche) Früchte verwenden.

Pfeffersuppe „Bellevue"

1 Packung tiefgekühlte Pfeffersuppe Madagaskar
100—150 g Melone

Die Pfeffersuppe nach der Vorschrift auf der Packung zubereiten.
Die Melone halbieren, in Viertel schneiden. Das Fruchtfleisch mit einem Löffel aus der Schale lösen, in dünne Scheiben schneiden und kurz vor Beendigung der Kochzeit in die Suppe geben, miterhitzen.
Kochzeit: Etwa 15 Minuten.

Wildschweinsteaks mit Preiselbeer-Birnen

(Abb. S. 138/139)

4 Scheiben Wildschweinfleisch (je etwa 150 g, etwa 2 cm dick)
2 Eßl. Olivenöl
Salz
4 gedünstete Birnenhälften
Birnensaft
4 Eßl. Preiselbeerkompott (Glas)

Das Fleisch leicht flachklopfen, etwas zusammendrücken und in dem erhitzten Öl von beiden Seiten braten. Das Fleisch ab und zu mit dem Bratensatz begießen und erst, wenn die untere Fleischseite gebräunt ist, das Fleisch wenden und mit Salz bestreuen. Die Steaks auf eine vorgewärmte Platte geben. Den Bratensatz mit Wasser loskochen und über das Fleisch geben.

Die Birnen in dem Saft erhitzen, gut abtropfen lassen, mit dem Preiselbeerkompott füllen und mit auf der Platte anrichten.

Bratzeit: Jede Seite etwa 5 Minuten.

Beilage: In Butter geschwenkter Rosenkohl.

Herzogin-Kartoffeln

1 kg Kartoffeln
Salzwasser
50 g Butter oder Margarine
etwa 1/4 l (250 ml) heiße Milch
Salz

Die Kartoffeln schälen, waschen, in Stücke schneiden und in dem Salzwaser zum Kochen bringen, gar kochen lassen, abgießen und sofort durch die Presse geben oder mit einem elektrischen Handrührgerät zerkleinern.

Die Butter und die Milch hinzufügen, den Topf von der Kochstelle nehmen und den Brei so lange schlagen, bis er weißschaumig ist und mit Salz abschmecken.

Den Kartoffelbrei in einen Spritzbeutel mit gezackter Tülle füllen und Rosetten auf ein mit Alufolie ausgelegtes Backblech spritzen.

Das Blech unter den vorgeheizten Grill schieben und die Rosetten überbacken, bis sie goldbraun sind.

Tip: Tiefgekühlte Herzogin-Kartoffeln aus der Packung verwenden.

Sherrycreme

1 gehäufter Teel. Gelatine gemahlen, weiß
2 Eßl. kaltes Wasser
2 Eigelb
50 g Zucker
Salz
1 Teel. Zitronensaft
1/8 l (125 ml) Cream Sherry
2 Eiweiß
1/4 l (250 ml) Sahne
1 Päckchen Sahnesteif
1 Teel. Zucker
gehackte Pistazienkerne

Die Gelatine mit dem Wasser anrühren, 10 Minuten zum Quellen stehenlassen und unter Rühren erwärmen, bis sie gelöst ist.
Das Eigelb mit dem Zucker und Salz dickschaumig schlagen.
Den Zitronensaft und den Cream Sherry unterschlagen.
Die Gelatinelösung unterrühren und kalt stellen.
Das Eiweiß steif schlagen.
Die Sahne mit dem Sahnesteif und dem Zucker (1 Teel.) steif schlagen.
Sobald die Sherrymasse anfängt dicklich zu werden, gut die Hälfte der Sahne und den Eierschnee unterheben.
Die Sherrycreme in eine Glasschale füllen, kalt stellen und kurz vor dem Servieren mit der restlichen Sahne verzieren, mit Pistazienkernen bestreuen.

Getränke-Empfehlung zum Hauptgericht:
Rheingauer Rotwein
Aßmannshäuser Höllenberg
Spätburgunder trocken (s. S. 185).

Gefüllte Eier, Toast, Butter

Waldpilzsuppe mit Madeira

Rehkeule „Hubertus"
Rotwein-Birnen mit Meerrettich-Sahne
Rotkohl-Selleriesalat

Sizilianische Zitronencreme

Nederburg Paarl Cabernet Sauvignon

Gefüllte Eier

4 hartgekochte, gepellte Eier
Salatöl
Zitronensaft
Senf
Salz
Salatblätter
Sardellenfilets

Die Eier der Länge nach halbieren. Das Eigelb vorsichtig herausnehmen, durch ein Sieb streichen, mit Salatöl, Zitronensaft, Senf und Salz zu einer geschmeidigen Masse verrühren und recht hoch in die Eierhälften füllen.

Die Eierhälften auf Salatblättern anrichten und mit Sardellenfilets garnieren.

Beigabe: Toast, Butter.

Waldpilzsuppe mit Madeira

375 g Pilze
1 Zwiebel
40 g Margarine
40 g Weizenmehl
1 l Wasser
Salz
Suppenwürze
etwa 4 Eßl. Madeira
1 Eßl. gehackte Petersilie

Die Pilze gut verlesen, putzen und waschen.

Die Zwiebel abziehen und beide Zutaten fein schneiden. Das Fett zerlassen, beide Zutaten kurze Zeit darin erhitzen, mit Mehl bestäuben und miterhitzen. Das Wasser hinzugießen, zum Kochen bringen und etwa 15 Minuten kochen lassen. Die Suppe mit Salz, Suppenwürze und Madeira abschmecken, mit der Petersilie bestreuen.

Kochzeit: Etwa 15 Minuten.

Rehkeule „Hubertus"

(Abb. S. 145)

Etwa 1 kg Rehfleisch
(aus der Keule)
Salz
Wacholderbeeren
getrockneter Thymian
getrockneter Majoran
getrocknetes Rosmarin
getrockneter Salbei
2—3 Zwiebeln
50 g Butterschmalz
Pfeffer
Glutamat
150 ml Rotwein
3—4 Eßl. Preiselbeerkompott
1 Becher (150 g) Crème fraîche

Das Fleisch waschen, abtrocknen, enthäuten und mit Salz, zerdrückten Wacholderbeeren, Thymian, Majoran, Rosmarin und Salbei einreiben.

Die Zwiebeln abziehen und würfeln.

Das Butterschmalz erhitzen und das Fleisch von allen Seiten darin anbraten. Die Zwiebelwürfel hinzufügen.

Den zugedeckten Bratentopf auf dem Rost in den Backofen schieben.

Das gare Fleisch aus dem Topf nehmen und warm stellen.

Für die Soße den Bratensatz mit dem Rotwein loskochen und durch ein Sieb gießen. Preiselbeerkompott und Crème fraîche unterrühren und kurz aufkochen lassen. Die Soße mit Salz, Pfeffer und Glutamat abschmecken.

Das Fleisch in Scheiben schneiden und mit der Soße anrichten.

Gas: 5 Minuten vorheizen 3—4, braten 3—4.

Strom: 175—200.

Bratzeit: Etwa 45 Minuten.

Beilage: Kroketten.

Tip: Beize macht milder.

Wer den strengen Wildgeschmack mildern möchte, legt das Wild mit den Gewürzen 2—3 Tage in Buttermilch oder in Rotwein. Das Fleisch muß mit der Flüssigkeit ganz bedeckt sein.

Rotwein-Birnen mit Meerrettich-Sahne

2 Birnen
1/8 l (125 ml) Rotwein
1 gehäufter Eßl. Zucker
1 Stück Stangenzimt

Die Birnen schälen, halbieren und entkernen. Den Wein mit dem Zucker und dem Stangenzimt zum Kochen bringen. Die Birnenhälften hineingeben, weich dünsten lassen (Birnenhälften einmal umdrehen) und im Rotwein erkalten lassen.

Meerrettichsahne:
1/8 l (125 ml) Sahne
1 Päckchen Sahnesteif
1—2 Teel. geriebener Meerrettich (Glas)
1 Teel. Zitronensaft
Salz
Zucker

Für die Meerrettichsahne die Sahne mit dem Sahnesteif steif schlagen. Den Meerrettich vorsichtig unterheben und die Masse mit dem Zitronensaft, Salz und Zucker abschmecken. Die abgetropften Birnenhälften damit füllen.

Rotkohl-Selleriesalat

250 g Rotkohl (vorbereitet gewogen)
gut 1/4 l (250 ml) kochendes Salzwasser

Den Rotkohl waschen und in feine Streifen schneiden. In dem Salzwasser zum Kochen bringen, halbgar kochen und abtropfen lassen.

Salatsoße:
3 Eßl. Salatöl
2—3 Eßl. Essig oder Zitronensaft
Salz
1 kleine Zwiebel
250 g Sellerie (Dose)
1 saurer Apfel

Für die Salatsoße das Öl, den Essig (Zitronensaft) und Salz verrühren. Die Zwiebel abziehen, fein würfeln und hinzufügen.
Den noch warmen Rotkohl mit der Soße vermengen.
Den Sellerie in feine Streifen schneiden.
Den Apfel schälen, vierteln, entkernen, grob raspeln und beide Zutaten mit dem erkalteten Rotkohl vermengen.
Den Salat mit Salz abschmecken und gut durchziehen lassen.
Kochzeit: Etwa 20 Minuten.

Sizilianische Zitronencreme

1 Päckchen Gelatine gemahlen, weiß
5 Eßl. kaltes Wasser
2 Eigelb
1 Eßl. warmes Wasser
Saft von 2 Zitronen
4 gut gehäufte Eßl. Zucker
1 Päckchen Vanillin-Zucker
abgeriebene Schale von 1/2 Zitrone (ungespritzt)
3/8 l (375 ml) kalte Milch
2 Eiweiß

Die Gelatine mit dem Wasser anrühren, 10 Minuten zum Quellen stehenlassen und unter Rühren erwärmen, bis sie gelöst ist, kühl stellen.

Eigelb, Wasser und Zitronensaft schaumig schlagen und nach und nach 2/3 des Zuckers und den Vanillin-Zucker hinzufügen. So lange schlagen, bis eine cremeartige Masse entstanden ist.

Darunter Zitronenschale, die lauwarme Gelatinelösung und nach und nach die Milch schlagen. Die Eigelbcreme kalt stellen. Das Eiweiß steif schlagen und nach und nach den restlichen Zucker unterschlagen.

Unter die dickliche Eigelbcreme den Eierschnee heben. Die Creme in eine Glasschale oder in Gläser füllen und kalt stellen.

Getränke-Empfehlung zum Hauptgericht:
Südafrikanischer Rotwein
Nederburg Cabernet Sauvignon (s. S. 185).

Vorspeisenplatte Lukull

Hummercremesuppe

Junge Mastente in Quittensoße
Safranreis

Schwarzwälder Kirschcreme

Endinger Engelsberg

Vorspeisenplatte Lukull

Salatsoße:
5 Eßl. Salatöl
2—3 Eßl. Essig
4 Eßl. Wasser
Salz
Pfeffer
Zucker

Für die Salatsoße das Öl mit dem Essig, dem Wasser, Salz, Pfeffer und Zucker zu einer dicklichen Soße verrühren.

250 g Spargelspitzen (Dose)
250 g Tomaten
1 Kopf Salat
2—3 hartgekochte Eier
1/8 l (125 ml) Sahne
1/2 Päckchen Sahnesteif
gehackter Dill oder
gehackte Petersilie

Die Spargelspitzen abtropfen lassen. Die Tomaten waschen, abtrocknen und in Scheiben schneiden.
Den Salat waschen, abtropfen lassen und in kleine Stücke zerpflücken. Den Kopfsalat mit einem Teil der Salatsoße vermengen und auf eine Glas- oder Porzellanplatte geben. Die restliche Salatsoße über die Spargelspitzen und über die Tomatenscheiben verteilen und etwas durchziehen lassen.
Die Eier pellen und in Scheiben schneiden.
Spargelspitzen, Tomaten- und Eierscheiben auf dem Kopfsalat sternförmig anrichten. Die Sahne mit dem Sahnesteif steif schlagen, mit Salz abschmecken und in einen Spritzbeutel füllen. Tupfen auf den Salat spritzen und mit Dill oder Petersilie bestreuen.

Hummercremesuppe

2 Dosen Hummercremesuppe
100 g tiefgekühlte Friesen-Krabben
2 Gläschen Weinbrand
1/8 l (125 ml) Sahne
Pfeffer

Die Hummercremesuppe in einen Topf gießen und erhitzen.
Die aufgetauten Friesen-Krabben hinzufügen, miterhitzen und die Sahne unterrühren. Die Suppe mit Pfeffer abschmecken. Kurz vor dem Servieren den Weinbrand unterrühren.
Beigabe: Geröstete Weißbrotscheiben, Butter.

Essig

Junge Mastente in Quittensoße

1 küchenfertige Ente
(etwa 2 kg)
Salz
$1/4$ l — $3/8$ l (250 ml — 375 ml)
heißes Wasser
300 g Quitten
(Glas oder gedünstet)
1 gestrichener Eßl. Weizenmehl
2 Eßl. kaltes Wasser
Zucker
Portwein

Die Ente waschen, abtrocknen und innen und außen mit Salz einreiben. Keulen und Flügel mit einem Bindfaden am Rumpf festbinden.
Die Rostbratpfanne mit Wasser ausspülen und die Ente mit dem Rücken nach unten hineinlegen. Die Rostbratpfanne auf die untere Schiene in den Backofen schieben.
Während des Bratens ab und zu unterhalb der Flügel und Keulen in die Ente stechen, damit das Fett besser ausbraten kann, (evtl. Fett abschöpfen). Sobald der Bratensatz zu bräunen beginnt, zunächst $1/4$ l (250 ml) heißes Wasser hinzugießen. Die Ente ab und zu mit dem Bratensatz begießen und verdampfte Flüssigkeit bis zu $1/2$ l (500 ml) ersetzen.
Nach etwa 20 Minuten Bratzeit die Quitten in die Rostbratpfanne geben. Etwa 10 Minuten vor Beendigung der Bratzeit die Ente mit Salzwasser bestreichen und die Hitze auf stark stellen, damit die Haut kroß wird. Die gare Ente aus der Rostbratpfanne nehmen,die Fäden lösen und die Ente in Portionsstücke schneiden, auf einer vorgewärmten Platte anrichten und warm stellen.
Für die Soße den losgekochten Bratensatz mit den Quitten durch ein Sieb streichen, mit Wasser auffüllen, das angerührte Weizenmehl unterrühren, zum Kochen bringen, etwa 5 Minuten kochen lassen und die Soße mit Salz, Pfeffer, Zucker und Portwein abschmecken.
Gas: 3—4.
Strom: 200—225.
Bratzeit: Etwa 1$3/4$ Stunden.

Safranreis

1 Zwiebel
2 l Fleischbrühe (Brühwürfel)
Salz
250 g Brühreis
Butter
2 Briefchen Safranpulver

Die Zwiebel abziehen und würfeln und mit der Fleischbrühe zum Kochen bringen. Mit Salz würzen. Den Brühreis waschen, hineingeben, zum Kochen bringen und ausquellen lassen. Den garen Reis auf ein Sieb geben, mit kaltem Wasser übergießen und gut abtropfen lassen.
Butter erhitzen und den Reis darin schwenken.
Das Safranpulver hinzufügen und so lange rühren, bis der Reis sich gelb verfärbt.
Kochzeit: Etwa 20 Minuten.

Schwarzwälder Kirschcreme

2 schwach gehäufte Teel. Gelatine gemahlen, weiß
4 Eßl. kaltes Wasser
3/4 l (750 ml) Milch
1 Päckchen Pudding-Pulver Vanille-Geschmack
75 g (3 gut gehäufte Eßl.) Zucker
6 Eßl. kalte Milch
etwa 4 Eßl. Kirschwasser
1/4 l (250 ml) Sahne
1 Päckchen Vanillin-Zucker
375 g — 500 g entsteinte Sauerkirschen (Glas)
geraspelte bittere Schokolade

Die Gelatine mit dem Wasser (4 Eßl.) anrühren und 10 Minuten zum Quellen stehenlassen.
Die Milch zum Kochen bringen. Das Pudding-Pulver mit dem Zucker vermengen und mit der Milch (6 Eßl.) anrühren. Unter Rühren in die von der Kochstelle genommene Milch geben, kurz aufkochen lassen, die gequollene Gelatine hinzufügen und so lange rühren, bis sie gelöst ist.
Den Pudding kalt stellen und ab und zu durchrühren. Unter den erkalteten, aber noch nicht vollkommen festgewordenen Pudding das Kirschwasser rühren. Die Sahne mit dem Vanillin-Zucker steif schlagen und unter den Pudding heben (etwas zum Verzieren zurücklassen). Die Sauerkirschen gut abtropfen lassen (einige zum Garnieren zurücklassen) und abwechselnd mit der Sahnecreme in eine Glasschale oder in Portionsschälchen schichten. Die oberste Schicht muß aus Sahnecreme bestehen.
Die Schwarzwälder Kirschcreme mit der zurückgelassenen Sahne verzieren und mit den restlichen Kirschen und geraspelter Schokolade garnieren.

Getränke-Empfehlung zum Hauptgericht:
Rheingauer Weißwein
Endinger Engelsberg
Müller-Thurgau trocken (s. S. 185).

Rettich-Apfelsalat

Kerbel-Kräutersuppe

Lammrücken „Frühlingsart"
Grüne Bohnen mit Tomaten
Kroketten

Kirschgelee

Achkarrer Schloßberg

Rettich-Apfelsalat

375 g Rettich (vorbereitet gewogen)	Den geschälten Rettich waschen, grob raspeln.
2 Äpfel (etwa 250 g)	Die Äpfel schälen, entkernen und grob raspeln.
Salatsoße:	
1 Eßl. Zitronensaft *Salz* *Zucker* *Tomatenachtel* *Petersilie*	Für die Salatsoße den Zitronensaft, Salz und Zucker gut verrühren. Den Rettich und die Äpfel mit der Soße vermengen und den Salat mit Salz und Zucker abschmecken. Den gut durchgezogenen Salat in mit Salatblättern ausgelegte Cocktailgläser füllen, mit Tomatenachteln und Petersilie garnieren.

Kerbel-Kräutersuppe

(Abb. S. 154/155)

1 Bund Suppengrün (Möhre, Porree, Sellerie)	Das Suppengrün putzen, waschen und in feine Streifen schneiden.
40 g Butter oder Margarine *1 l Fleischbrühe (Brühwürfel)* *30 g Speisestärke, z.B. Gustin* *4—5 Eßl. kaltes Wasser* *1 Becher (150 g) Crème fraîche*	Das Fett zerlassen und das Suppengrün darin leicht andünsten. Die Brühe hinzugießen, die Suppe etwa 25 Minuten bei schwacher Hitze kochen lassen und mit der angerührten Speisestärke binden. Die Crème fraîche unterrühren.
1 kleines Bund frischer oder getrockneter Kerbel *gehackte Petersilie* *Salz* *Pfeffer*	Die gewaschenen, feingehackten Kräuter hinzufügen, und die Suppe mit Salz und Pfeffer abschmekken.
	Nach Belieben die Suppe mit gerösteten Weißbrotwürfeln anrichten.
	Kochzeit: Etwa 25 Minuten.

Lammrücken „Frühlingsart"

Etwa 1 1/2 kg Lammrücken	Das Fleisch waschen, abtrocknen, entfetten und enthäuten.
Marinade:	
3—4 Eßl. Olivenöl *1/8 l (125 ml) Weißwein* *1 Teel. Salz* *Pfeffer* *1—2 abgezogene, zerdrückte Knoblauchzehen* *gehackte, frische Kräuter, (Oregano, Thymian, Majoran, Rosmarin)* *125 ml (1/8 l)* *etwas Speisestärke, z.B. Gustin* *Salz* *kaltes Wasser* *evtl. Crème fraîche*	Für die Marinade das Öl, den Wein, das Salz, Pfeffer, die Knoblauchzehen und Kräuter verrühren. Das Fleisch damit bestreichen, 1—2 Stunden stehenlassen, nochmals bestreichen, auf dem Rost in die mit Wasser ausgespülte Rostbratpfanne legen und in den Backofen schieben. Das Fleisch während des Bratens mehrmals mit der Marinade bestreichen (evtl. etwas Fett abschöpfen). Das gare Fleisch etwa 5 Minuten stehenlassen, von den Knochen lösen, in Scheiben schneiden, wieder auf das Knochengerüst legen, auf einer vorgewärmten Platte anrichten und warm stellen. Für die Soße den Bratensatz mit Wasser (1/8 l — 125 ml) loskochen, auf der Kochstelle zum Kochen bringen und mit der angerührten Speisestärke binden. Die Soße mit Salz und Pfeffer abschmecken. Nach Belieben etwas Crème fraîche unterrühren. Gas: 3—4 (Rostbratpfanne auf die mittlere Schiene schieben). Strom: 200—225 (Rostbratpfanne auf die untere Schiene schieben). Bratzeit: 40—45 Minuten.

Grüne Bohnen mit Tomaten

500 g Tomaten *1 Zwiebel* *50 g Butter* *450 g Delikatess-Bohnen (Dose)* *Salz* *Pfeffer* *Speisewürze* *Bohnenkraut* *1—2 Eßl. Crème fraîche*	Die Tomaten kurze Zeit in kochendes Wasser legen, in kaltem Wasser abschrecken und enthäuten. Die Tomaten halbieren, entkernen und in Würfel schneiden. Die Zwiebel abziehen und würfeln. Die Butter zerlassen und die Zwiebelwürfel darin glasig dünsten lassen. Die Tomatenwürfel und die abgetropften Bohnen hinzufügen und unter mehrmaligem Schwenken darin erhitzen. Das Gemüse mit Salz, Pfeffer, Speisewürze und Bohnenkraut abschmecken. Die Crème fraîche vorsichtig untermengen.

Kroketten

750 g Kartoffeln
Salzwasser
2 Eigelb
1 gut gehäufter Teel. Speisestärke, z. B. Gustin
Salz
geriebene Muskatnuß
1 verschlagenes Ei
Semmelmehl
Ausbackfett (Speiseöl, Schweineschmalz oder Kokosfett)

Die Kartoffeln schälen, waschen und in dem Salzwasser zum Kochen bringen, gar kochen lassen, abgießen, noch heiß pellen und durch die Presse geben, erkalten lassen.
Die Kartoffeln mit dem Eigelb und der Speisestärke verrühren und mit Salz und Muskatnuß abschmecken. Aus dem Teig knapp 2 cm dicke und 5 cm lange Röllchen formen. Die Röllchen zunächst in dem verschlagenen Ei, dann in Semmelmehl wenden und schwimmend in siedendem Ausbackfett goldbraun backen.
Kochzeit für die Kartoffeln: 20—25 Minuten.
Backzeit: 2—3 Minuten.
Tip: Tiefgekühlte Kroketten aus der Packung verwenden.

Kirschgelee

375 g Sauerkirschen
1/4 l (250 ml) Rotwein
125 g (5 gut gehäufte Eßl.) Zucker
1 Päckchen Götterspeise Kirsch-Geschmack
1 gut gehäufter Eßl. Zucker

Die Sauerkirschen waschen, abtropfen lassen, entstielen, entsteinen und mit dem Rotwein und dem Zucker (125 g) zum Kochen bringen. Die Kirschen halb gar kochen, abtropfen lassen, den Saft auffangen, evtl. mit Wasser auf 1/2 l (500 ml) auffüllen und kalt stellen.
Aus dem Götterspeisepulver, dem Zucker (1 Eßl.) und der abgemessenen Flüssigkeit nach der Vorschrift auf dem Päckchen eine Götterspeise zubereiten und kalt stellen. Unter die dickliche, noch nicht erstarrte Speise die erkalteten Kirschen heben, in eine Glasschale füllen und kalt stellen, damit sie fest wird.
Beigabe: Vanillesoße, zubereitet mit Soßen-Pulver. Ohne Kochen.

Getränke-Empfehlung zum Hauptgericht:
Badischer Weißwein
Achkarrer Schloßberg
Ruländer Kabinett (s. S. 185).

Sekt „Fürst von Metternich"

Spargelcocktail mit Mandarinen

Tomatencremesuppe

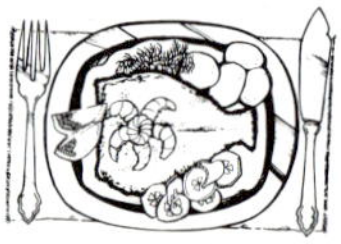

Seezungenröllchen „Nizza"
Toast, Butter
Kopfsalat auf Feinschmeckerart

Zimtparfait

Château Malartic Bordeaux

Spargelcocktail mit Mandarinen

Etwa 250 g Spargelstücke (Dose)
2 gehäufte Eßl. Mandarinenspalten (Dose)

Die Spargelstücke und die Mandarinenspalten abtropfen lassen.

Sahnesoße:
1/8 l (125 ml) Sahne
1 Teel. Sahnesteif
1 gehäufter Eßl. Salatmayonnaise
1 Eßl. Mandarinensaft
Zitronensaft
Salz
Pfeffer
Zucker
etwa 2 Eßl. Sherry medium
Salatblätter
abgezogene, gehobelte Mandeln
Zitronenscheiben
Petersilie

Für die Sahnesoße die Sahne etwa 1/2 Minute schlagen, das Sahnesteif einstreuen und die Sahne steif schlagen. Die Salatmayonnaise und Mandarinensaft unterheben. Die Sahne mit Zitronensaft, Salz, Pfeffer, Zucker und dem Sherry abschmecken.
4 Glasteller mit Salatblättern auslegen, Spargelstücke und Mandarinenspalten abwechselnd darauf geben, die Sahnesoße darüber verteilen, die Cocktails mit gehobelten Mandeln bestreuen und mit Zitronenscheiben und Petersilie garnieren.
Beigabe: Toast.

Tomatencremesuppe

75 g durchwachsener Speck
1 Zwiebel
etwa 500 g Tomaten (Dose)
1/8 l (125 ml) Wasser
Salz
Pfeffer
getrockneter Oregano
Paprika edelsüß
Zucker
4 Eßl. Schlagsahne
feingehackter Dill oder abgezogene, gehobelte, gebräunte Mandeln

Den Speck in Würfel schneiden und auslassen.
Die Zwiebel abziehen, würfeln, zu dem Speck geben und glasig dünsten lassen.
Zerkleinerte Tomaten mit dem Saft, dem Wasser und Gewürze hinzufügen, zum Kochen bringen und 15—20 Minuten kochen lassen. Die Suppe durch ein Sieb streichen, nochmals mit den Gewürzen abschmecken und in 4 vorgewärmte Suppentassen füllen.
Auf jede Portion 1 Eßl. Schlagsahne geben und mit Dill oder Mandeln bestreuen.
Kochzeit: Etwa 20 Minuten.

Seezungenröllchen „Nizza"

12 Seezungenfilets (etwa 600 g)
1/8 l (125 ml) Weißwein
1/8 l (125 ml) Wasser
6 Pfefferkörner
einige Senfkörner
1 Scheibe Zitrone
(etwa 1/2 cm dick, ungespritzt)
1 schwach gehäufter Teel. Salz
Pfeffer

Die Seezungenfilets unter fließendem kaltem Wasser abspülen, trockentupfen, aufrollen und mit Holzstäbchen feststecken.
Den Weißwein, das Wasser, die Pfefferkörner, Senfkörner, die Zitronenscheibe, das Salz (1 schwach gehäufter Teel.) und Pfeffer zum Kochen bringen. Die Seezungenröllchen hineingeben, zum Kochen bringen, gar ziehen lassen, aus der Fischbrühe nehmen und kalt stellen.

Kräutermayonnaise:
1 Eigelb
1 Eßl. Zitronensaft
1 Teel. Senf
1 schwach gehäufter Teel. Zucker
1 gestrichener Teel. Salz
1 Messerspitze Pfeffer
1/8 l (125 ml) Salatöl
4 Eßl. saure Sahne
1 Eßl. feingeschnittener Schnittlauch
1 Eßl. gehackte Petersilie
Salz
12 Artischockenböden (Dose)
2—3 große Tomaten

Für die Kräutermayonnaise das Eigelb mit dem Zitronensaft, dem Zucker (1 schwach gehäufter Teel.) zu einer dicklichen Masse schlagen. Darunter eßlöffelweise das Salatöl schlagen. Unter die Mayonnaise die saure Sahne und die Kräuter rühren, mit Salz und Pfeffer abschmecken.
Die Artischockenböden abtropfen lassen und mit Salz bestreuen. Die Tomaten waschen und in Scheiben schneiden.
Die Kräutermayonnaise auf einer Platte anrichten. Auf jeden Artischockenboden eine Tomatenscheibe legen, darauf ein Seezungenröllchen setzen, mit Holzstäbchen feststecken und in die Mayonnaise stellen.
Garzeit für die Seezungenröllchen: Etwa 5 Minuten.
Beigabe: Toast, Butter.

JOHANNISBERG IM

Artischockenherzen „Jeanette"

Etwa 250 g Artischockenherzen (Dose)	Die Artischockenherzen abtropfen lassen.
Soße:	
1 Becher (150 g) Crème fraîche *2 Eßl. frische, gehackte Estragonblätter* *etwas Artischockenwasser* *Salz* *Pfeffer* *Zucker* *Zitronensaft*	Für die Soße die Crème fraîche mit Estragonblättern und etwas Artischockenwasser verrühren. Die Artischockenherzen (große Herzen halbieren) mit der Soße vermengen und mit Salz, Pfeffer, Zucker und Zitronensaft abschmecken. Etwa 2 Stunden (kühl gestellt) durchziehen lassen und auf Cocktailgläser verteilen. Beigabe: Stangenweißbrot.

Gratinierte Lauchsuppe

375 g Porree (Lauch, vorbereitet gewogen) *3—4 Eßl. Speiseöl* *1 l Wasser* *3 gestrichene Eßl. Instant Klare Fleischbrühe* *1—2 Eßl. Speisestärke, z.B. Gustin* *1 Eigelb* *4 Eßl. kalte Milch* *1 Eiweiß* *50 g geriebener Käse, z.B. Emmentaler*	Den Porree gründlich waschen, in Ringe schneiden und evtl. nochmals waschen. Das Öl erhitzen und das Gemüse darin andünsten. Das Wasser hinzugießen, die Instant Klare Fleischbrühe unterrühren, zum Kochen bringen und gar kochen lassen. Die Speisestärke mit dem Eigelb und der Milch anrühren und die Suppe damit binden. Das Eiweiß steif schlagen und den Käse unterheben. Die Suppe auf vorgewärmte Suppentassen verteilen, auf jede Portion etwas von der Eierschnee-Käse-Masse geben und im vorgeheizten Grill kurz überbacken. Garzeit: 15—20 Minuten.

Gratinée

Rehrücken und Preiselbeer-Sauerkraut

1 Rehrücken (1—1½ kg)
Salz
2 Eßl. weiche Butter oder Margarine
125 g fette Speckscheiben
½ l (500 ml) heißes Wasser
Suppengrün (Möhre, Porree, Sellerie)
1 Zwiebel
1 Lorbeerblatt
2 Nelken
2 zerdrückte Wacholderbeeren
⅛ l — ¼ l (125 ml — 250 ml) saure Sahne
1 Eßl. Speisestärke, z.B. Gustin
2 Eßl. kalte Milch
Zitronensaft
Rotwein
Johannisbeergelee

Das Fleisch waschen, abtrocknen, enthäuten, mit Salz einreiben und mit dem Fett bestreichen. Die Hälfte von den Speckscheiben in eine mit Wasser ausgespülte Rostbratpfanne legen, den Rehrücken darauf legen und mit den restlichen Speckscheiben bedecken (evtl. an beiden Enden des Rehrückens je 1 Holzstäbchen (Spieß) in die Wirbelsäule stecken, damit sich beim Braten die Enden nicht nach oben biegen).

Die Rostbratpfanne in den Backofen schieben. Sobald der Bratensatz bräunt, etwas Wasser hinzugießen. Das Fleisch braten lassen, ab und zu mit dem Bratensatz begießen und verdampfte Flüssigkeit nach und nach ersetzen.

Das Suppengrün putzen, waschen und kleinschneiden. Die Zwiebel abziehen und vierteln. Nach etwa 20 Minuten Bratzeit das Suppengrün, die Zwiebelviertel, das Lorbeerblatt, die Nelken und die Wacholderbeeren dazugeben und den Rehrücken noch weitere 20 Minuten braten lassen (das Fleisch darf nicht ganz durchgebraten sein, es muß beim Anschneiden noch einen rosa Schimmer haben).

Das gare Fleisch von den Knochen lösen (die Stäbchen herausnehmen), das Fleisch in Scheiben schneiden (evtl. wieder auf das Knochengerüst legen). Auf einer vorgewärmten Platte anrichten und warm stellen.

Für die Soße den Bratensatz mit der Sahne loskochen, durch ein Sieb gießen und zum Kochen bringen.

Die Speisestärke mit der Milch anrühren, den Bratensatz damit binden und die Soße mit Salz, Zitronensaft, Rotwein und Johannisbeergelee abschmecken.

Gas: 3—4 (Rostbratpfanne auf die mittlere Schiene schieben).

Strom: 225—250 (Rostbratpfanne auf die untere Schiene schieben).

Bratzeit: 35—50 Minuten (je nach Größe des Rehrückens).

→

Preiselbeer-Sauerkraut:
1 mittelgroße Zwiebel
50 g Margarine
etwa 750 g Sauerkraut (Dose)
etwa 1/8 l (125 ml) Wasser
Salz, Pfeffer
400 g Preiselbeeren (Glas)

Die Zwiebel abziehen, fein würfeln und in der zerlassenen Margarine hellgelb dünsten lassen. Das Sauerkraut hinzufügen und kurze Zeit miterhitzen. Das Wasser, Salz und Pfeffer hinzufügen und das Sauerkraut dünsten lassen. 15 Minuten vor Beendigung der Dünstzeit die Preiselbeeren hinzufügen.
Dünstzeit: Etwa 1 Stunde.
Beilage: Tiefgekühlte Kroketten aus der Packung.

Karamel-Pfirsiche

4 sehr feste Pfirsiche
1 Messerspitze Butter
75 g (4 gut gehäufte Eßl.) Zucker
1 Becher (150 g) Joghurt
1 gut gehäufter Eßl. Zucker
1—2 Eßl. Zitronensaft
1/8 l (125 ml) Sahne

Die Pfirsiche kurze Zeit in kochendes Wasser legen, halbieren, entsteinen, enthäuten, vierteln und abtropfen lassen.
Die Butter mit dem Zucker in einer Pfanne oder einer Auflaufform so lange erhitzen, bis der Zucker gebräunt ist, die Pfirsiche hineinlegen und unter häufigem Wenden gar dünsten lassen.
Für die Soße das Joghurt mit dem Zucker und dem Zitronensaft verrühren. Die Sahne steif schlagen und unterheben. Die Soße zu den heißen Pfirsichen reichen.

Getränke-Empfehlung zum Hauptgericht:
Rheinpfälzer Rotwein
Dürkheimer Feuerberg
Spätburgunder Spätlese trocken (s. S. 185).

Melonencocktail

Fischrahmsuppe St. Malo

Kaninchen in Senf-Estragonsoße
Grüne Bohnen im Speckmantel
Kroketten

Schokoladengelee

Côtes de Provence

Melonencocktail

1 Netzmelone (etwa 1 kg)
1 gehäufter Eßl. Zucker
2 Eßl. Weinbrand
eisgekühlter Söhnlein-Sekt „Rheingold"

Von der Netzmelone den Deckel abschneiden, das Innere aushöhlen, die Kerne entfernen und das Melonenfleisch in Würfel schneiden. Mit dem Zucker und dem Weinbrand vermengen, in die Melone füllen und kalt stellen.

Das Melonenfleisch in Gläser geben, mit Sekt auffüllen.

Fischrahmsuppe St. Malo

150 g Fischfilet (Rotbarsch, Seelachs, Kabeljau)
1—2 Eßl. Butter
1—2 Eßl. Tomatenmark (Tube) oder Tomatenketchup
1 Eßl. Weizenmehl
1/8 l (125 ml) Weißwein
3/8 l (375 ml) Fleischbrühe (1/2 Brühwürfel)
Salz
Pfeffer
Suppenwürze
2—3 Eßl. Crème fraîche
gehackte Petersilie

Den Fisch unter fließendem kaltem Wasser abspülen, trockentupfen und in kleine Würfel schneiden. Die Butter zerlassen und den Fisch mit dem Tomatenmark (Tomatenketchup) darin andünsten. Den Fisch mit dem Mehl bestäuben, die Flüssigkeit hinzugießen und mit Salz, Pfeffer und Suppenwürze würzen.

Die Suppe zum Kochen bringen und etwa 8 Minuten bei schwacher Hitze kochen lassen. Mit den Gewürzen abschmecken und die Hälfte der Crème fraîche unterrühren. Die Suppe in vorgewärmte Suppentassen füllen, auf jede Portion etwas Crème fraîche geben und mit Petersilie bestreut servieren.

Kaninchen in Senf-Estragonsoße
Grüne Bohnen im Speckmantel

1 Kaninchen (Rücken, Keulen, Läufe etwa 2 1/4 kg)
1 Bund Estragon
100 g Senf
50 g Butter
Salz
Pfeffer
200 ml Weißwein
1/2 l (500 ml) Fleischbrühe (Brühwürfel)
500 g grüne Bohnen (vorbereitet gewogen)
1/8 l (125 ml) Salzwasser
Bohnenkraut
8—10 dünne Scheiben durchwachsener Speck
1 Teel. Zucker
1—2 Becher (150—300 g) Crème fraîche
Worcestersauce

Das Kaninchen waschen, abtrocknen, enthäuten, vom Fett befreien und Keulen und Läufe vom Rücken trennen. Den Rücken in 3—4 Stücke schneiden. Die Estragonblätter fein hacken und mit dem Senf verrühren. Die Butter in einer Rostbratpfanne erhitzen. Die Fleischstücke mit Salz und Pfeffer einreiben, mit der Hälfte des Senfs von allen Seiten bestreichen, in die Rostbratpfanne legen und in den Backofen schieben. Nach etwa 30 Minuten Bratzeit den Wein und die Brühe hinzugießen und das Fleisch garen lassen.

Die Bohnen waschen, die Stiele abschneiden und evtl. die Fäden abziehen. Die Bohnen mit dem Bohnenkraut in das kochende Salzwasser geben, zum Kochen bringen und etwa 3 Minuten kochen, abtropfen lassen und mit Salz und Pfeffer würzen. Jeweils 7—10 Bohnen mit je 1 Speckscheibe umwickeln und etwa 30 Minuten vor Beendigung der Garzeit des Kaninchens mit in die Rostbratpfanne legen. Fleisch und Bohnen aus der Pfanne nehmen, auf eine vorgewärmte Platte legen und warm stellen.

Den Bratensatz durch ein Sieb in einen Kochtopf gießen und etwa um die Hälfte einkochen lassen. Den restlichen Senf, den Zucker und die Crème fraîche unterrühren und die Soße mit Worcestersauce abschmecken.

Einen Teil der Soße über das Fleisch geben und die restliche Soße dazureichen.

Gas: 2—3 (Rostbratpfanne auf die mittlere Schiene schieben).

Strom: 200—225 (Rostbratpfanne auf die untere Schiene schieben).

Garzeit: Etwa 75 Minuten.

Beilage: Kroketten.

ANCEL
ROSÉ

Rinderfilet „Wellington"

Füllung:
1 kg Rinderfilet
1 Eßl. Margarine
Salz
Pfeffer
125 g Schinkenspeck
150 g Zwiebeln
100 g Champignons (Dose)

Für die Füllung das Fleisch waschen, abtrocknen und enthäuten. Die Margarine erhitzen, das Fleisch von allen Seiten kurz darin anbraten und mit Salz und Pfeffer würzen. Das Fleisch aus der Pfanne nehmen und abkühlen lassen.
Den Speck und die abgezogenen Zwiebeln in kleine Würfel schneiden. Den Speck zu dem Bratenfett geben, auslassen, die Zwiebelwürfel hinzufügen und glasig dünsten lassen. Dann die abgetropften, kleingeschnittenen Champignons hinzufügen. Die Masse mit Salz und Pfeffer abschmecken und kalt stellen.

Teig:
1 Packung (300 g)
tiefgekühlter Blätterteig
1/2 Eigelb
1 Teel. Milch

Den Teig bei Zimmertemperatur auftauen lassen und zu einer länglichen Platte in der doppelten Größe des Filets ausrollen (nach Belieben etwas Teig zum Garnieren zurücklassen). Etwas von der Zwiebel-Champignonmasse in der Länge des Filets in die Mitte des Teiges geben, das Filet darauf legen und mit der restlichen Zwiebel-Champignonmasse bedecken. Den Teig um das Fleisch schlagen, auf ein mit Wasser abgespültes Backblech legen (glatte Teigseite nach oben) und mit dem zurückgelassenen Teig garnieren.
Über die Teigoberseite verteilt 3 etwa pfenniggroße Löcher ausstechen und den Teig mit dem mit Milch verschlagenen Eigelb bestreichen.
Gas: 3—4.
Strom: 200—225.
Backzeit: 40—50 Minuten.
Beilage: Tiefgekühlte Kroketten aus der Packung.

Sauce bearnaise

100 g Butter
1 kleine Zwiebel
gehackter Estragon
gehacktes Basilikum
geschroteter, schwarzer Pfeffer
1 Teel. Weinessig
2 Eßl. Weißwein
2 Eigelb
Salz
Pfeffer
Zucker

Die Butter zerlassen und etwas abkühlen lassen.
Die abgezogene Zwiebel fein würfeln und mit den Kräutern, dem Pfeffer, dem Weinessig und dem Weißwein zum Kochen bringen, etwa 5 Minuten kochen und etwas abkühlen lassen.
Das Eigelb mit der Flüssigkeit im Wasserbad bei schwacher Hitze so lange schlagen, bis die Masse dicklich ist. Zuletzt die Butter unterschlagen.
Die Soße mit Salz, Pfeffer und Zucker abschmekken und bis zum Verzehr im Wasserbad warm halten, damit sie nicht gerinnt.
Zubereitungszeit: Etwa 12 Minuten.

Gemischter Salat

5 Tomaten
½ Salatgurke
3 Paprikaschoten
2—3 rote Zwiebeln
1 Kopf Salat

Die Tomaten und die Salatgurke waschen, abtrocknen und in Scheiben schneiden.
Die Paprikaschoten putzen, waschen und in Streifen schneiden.
Die Zwiebeln abziehen und in Ringe schneiden.
Den Salat putzen, waschen und in kleine Stücke zerpflücken.

Salatsoße:

3 Eßl. Salatöl
4 Eßl. Essig
1 Eßl. Wasser
gehackte Petersilie
feingeschnittener Schnittlauch
Salz
Pfeffer
Zucker

Für die Salatsoße das Öl, den Essig, das Wasser und die Kräuter verrühren und mit Salz, Pfeffer und Zucker würzen. Die Salatzutaten mit der Soße vermengen, kurz durchziehen lassen und den Salat evtl. mit Salz, Pfeffer und Zucker abschmecken.

Geeiste Weintrauben

250 g grüne Weintrauben
250 g blaue Weintrauben
75 g (3 gut gehäufte Eßl.) Zucker
1 Päckchen Vanillin-Zucker
8 Eßl. Himbeergeist

Die Weintrauben waschen, entstielen, halbieren, entkernen und mit dem mit Vanillin-Zucker gemischten Zucker bestreuen.

Wassereis aus dem Kühlschrank in sehr kleine Stücke schlagen und Sektschalen zur Hälfte damit füllen.

Auf das Eis die Weintrauben geben, je 2 Eßl. Himbeergeist darüber verteilen und die Portionen mit Trinkhalm und Barlöffel servieren.

Getränke-Empfehlung zum Hauptgericht:
Franken-Weißwein
Zeilitzheimer Heiligenberg
Bacchus (s. S. 185).

Trockener Sherry

Gefüllte Tomatenkörbchen

Kraftbrühe mit Sherry

Rinderfilet
Pommes frites
Gurken-Apfelsinensalat

Crème Caramel

Dürkheimer Spielberg

Gefüllte Tomatenkörbchen

(Abb. S. 182)

4 große Tomaten
1 Paprikaschote
1/4 l (250 ml) kochendes Wasser
250 g gekochtes Schweinefleisch
75 g gekochter Schinken

Die Tomaten waschen, abtrocknen, quer halbieren und aushöhlen.

Die Paprikaschote putzen, waschen und in Streifen schneiden. In das kochende Wasser geben, zum Kochen bringen, etwa 5 Minuten kochen, abtropfen und erkalten lassen. Das Fleisch und den Schinken in Streifen schneiden.

Salatsoße:
2 Eßl. Mayonnaise
2 Eßl. Joghurt
1—2 Eßl. Essig
Salz
Pfeffer
Paprika edelsüß
Petersilie

Für die Salatsoße die Mayonnaise mit dem Joghurt, dem Essig, Salz, Pfeffer und Paprika edelsüß zu einer dicklichen Soße verrühren. Die Salatzutaten mit der Soße vermengen, gut durchziehen lassen und in die Tomatenhälften füllen.

Die Tomatenhälften auf einem flachen Teller anrichten und mit Petersilie garnieren.

Kraftbrühe mit Sherry

1 l Fleischbrühe
Pilz-Soja-Soße
(aus dem Reformhaus)
etwa 4 Eßl. Sherry medium

Die Fleischbrühe erhitzen, mit Pilz-Soja-Soße und dem Sherry abschmecken und in vorgewärmte Suppentassen füllen.

Beilage: Käsestangen.

Muskat
Paprika

Rinderfilet

1 kg Rinderfilet
50 g Margarine
2 Zwiebeln
Salz
etwa 1/8 l (125 ml) Wasser
4—5 Eßl. Crème fraîche
1—2 Teel. Speisestärke, z.B. Gustin
1 Eßl. kaltes Wasser

Das Fleisch waschen, abtrocknen und enthäuten. Das Fett erhitzen und das Fleisch darin von allen Seiten gut bräunen lassen.
Die abgezogenen, kleingeschnittenen Zwiebeln kurze Zeit miterhitzen und das Fleisch mit Salz würzen. Vorsichtig vom Rand aus Wasser hinzugießen. Das Fleisch zugedeckt schmoren lassen, von Zeit zu Zeit wenden und verkochte Flüssigkeit ersetzen.
Das gare Fleisch in Scheiben schneiden und auf einer Platte anrichten.
Für die Soße den Bratensatz nach Bedarf mit heißem Wasser auffüllen, durch ein Sieb gießen, die Crème fraîche hinzufügen, zum Kochen bringen, mit der angerührten Speisestärke binden und mit Salz abschmecken.
Schmorzeit: 25—50 Minuten.
Beilage: Pommes frites.

Gurken-Apfelsinensalat

1 Salatgurke (etwa 500 g)
2 mittelgroße Apfelsinen

Die Gurke waschen, in feine Scheiben schneiden oder hobeln. Die Apfelsinen schälen, halbieren und in feine Scheiben schneiden.

Salatsoße:
2 Eßl. Salatöl
3 Eßl. Crème fraîche
1 Eßl. Essig
Salz
Zucker
gehackter Dill
gehackte Petersilie

Für die Salatsoße das Öl, die Crème fraîche, den Essig, Salz, Zucker zu einer dicklichen Soße verrühren und die Kräuter unterrühren. Die Soße mit den Salatzutaten vermengen und evtl. nochmals mit den Gewürzen abschmecken.

Crème Caramel

Soße:	
Sirupbeutel aus der Flanapackung	Für die Soße den Inhalt des Beutels mit dem Zucker und dem Wasser verrühren und auf 4 kleine Porzellanförmchen (Tassen) gleichmäßig verteilen. Durch Neigen und Drehen der Förmchen die Seitenwände etwa einen Finger breit mit der Karamelsoße benetzen und dann vollständig erkalten lassen.
1 Eßl. Zucker	
1 Eßl. heißes Wasser	
Pudding:	
1 Päckchen Pudding-Pulver Flana Echt Karamel	Den Pudding nach der Vorschrift auf dem Beutel zubereiten und ihn unter wiederholtem Rühren etwa 5 Minuten abkühlen lassen.
40 g Zucker	
½ l (500 ml) Milch	Den noch flüssigen Pudding sehr vorsichtig und langsam in die Förmchen auf den Karamelguß gießen, wobei auf möglichst geringe Durchmischung zu achten ist. Nach dem Abkühlen die Portionen auf Tellerchen stürzen.

Getränke-Empfehlung zum Hauptgericht:

Rheinpfälzer Weißwein
Dürkheimer Spielberg
Riesling Kabinett (s. S. 185).

Wein-Bezugsquellen

Anno dazumal Menüs um 1900

Die nachfolgenden Rezepte zeigen, wie Speisen „Anno dazumal" zubereitet wurden. Sie sind heute in den modernen Küchen nicht ohne weiteres nachvollziehbar.

Rindfleischsuppe mit Graupen

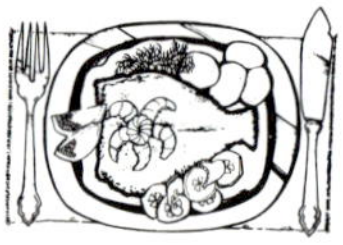

Gebackener Schellfisch
Kalter Kartoffelsalat

Obstkuchen

Rindfleischsuppe mit Graupen

1 Pfd. (1/2 kg) durchwachsenes Rindfleisch	*65 Pfg.*
4 1/2 Ltr. Wasser	
2 Eßl. Salz	*— Pfg.*
200 g Graupen (12 Eßl.) oder halb weiße Bohnen	*8 Pfg.*
2 Pfd. (1 kg) Kartoffeln	
Suppengrün, Sellerie und Esdragon	*7 Pfg.*
	80 Pfg.

Die Graupen werden mit kaltem Wasser aufgesetzt und wenn es kocht, gibt man Fleisch und Salz hinzu. Wenn man das Fleisch klopft, wird es weicher.
Man kann das Rindfleisch nach der Suppe mit Senfbeiguß essen und Kartoffeln und Gurken zugeben. Will man aber eine besonders kräftige Suppe haben und das Fleisch mit dieser zugleich essen, so setzt man es mit kaltem Wasser auf. 1/2 Std. vor dem Anrichten gibt man Kartoffeln, Suppengrün und eine geröstete Zwiebel hinzu, auch wohl Muskatblüte.
Rösten der Zwiebel: Man reibt eine Ecke des Herdes sauber, legt Zwiebelscheiben darauf und läßt sie auf beiden Seiten schön braun werden.

Gebackener Schellfisch

2 Pfd. Schellfisch,
3 Eßl. Mehl 40 Pfg.
1 Eßl. Salz
3 Eßl. Rüböl 5 Pfg.
45 Pfg.

Fische sind so nahrhaft wie Fleisch, sie enthalten aber im allgemeinen mehr Wasser, deswegen nimmt man eine größere Menge wie von Fleisch. Fette Fische sind meist teurer und schwerer verdaulich.

Grüne frische Heringe, Kabeljau, Seehecht, Knurrhahn bereitet man wie Schellfisch zu. Flußfische kocht man meist mit Gewürz, welches man schon vorher in Wasser allein tüchtig kochen lassen muß. Frische, tote Fische müssen helle Augen, guten Geruch und rote Kiemen haben.

Der Schellfisch wird geschuppt, vom Schwanz zum Kopfe, Augen und Kiemen werden entfernt. Innen nimmt man, außer etwaigen Eingeweiden, die schwarze Haut weg. Zum Backen schneidet man von größeren Fischen den Schwanz ab, das übrige in 2—3 Teile und diese Teile schneidet man im Rücken durch, da sie sonst zu dick sind, bei platten Fischen ist es nicht notwendig. Die gewaschenen, gesalzenen Fische werden, wenn man will, in Eigelb oder Eiweiß, oder auch nur in Mehl oder gestoßenem Brot umgedreht. Man bäckt sie in dem heißen Fette langsam etwa 10 Min. auf beiden Seiten hellbraun. Dem Beiguß kann man einige Tropfen Maggis Würze zufügen oder diese zu dem Ei geben. Der Geschmack der Fische wird dadurch kräftiger.

Größere Fische backen und kochen länger wie kleine, daß Fleisch muß sich leicht von den Gräten lösen. Sie sind eine gute Beilage zu Kartoffelsalat.

Kalter Kartoffelsalat

5—6 Pfd. Johannis- oder Mäusekartoffeln	*30 Pfg.*
8 Eßl. Oel	
2—3 Zwiebeln,	
1/2 Teel. Pfeffer	*20 Pfg.*
2 Eßl. Salz,	
4—6 Eßl. Essig	*2 Pfg.*
Nach Gefallen	
1/2 — 3/4 Ltr.	
Wasser oder Milch	*— Pfg.*
Frische Fische in Gelee.	*52 Pfg.*

Pellkartoffeln werden so heiß wie möglich in Scheiben geschnitten, mit Salz und Gewürz bestreut und mit der heißen Flüssigkeit begossen. Dann gießt man Oel und Essig darüber und rührt vorsichtig um. Wer den Salat kalt liebt, soll ihn doch heiß anmengen, er ist leichter zu vertragen. Man kann den Salat schon früh machen.

Obstkuchen

Zutaten:
500 g Mehl
1 Päckchen
Dr. Oetker Backpulver
100 g Butter oder Palmin
2 Eier
1/8 Liter Milch oder Rahm
Salz nach Geschmack.
Wer den Kuchen süß liebt, kann noch 100 g Zucker hinzufügen.

Zubereitung: Man bereitet nach gewohnter Weise den Teig, rollt ihn nach Belieben dünn oder dick aus und belegt gut gefettete Randbleche damit. Als Belag verwendet man entsteinte gezuckerte Zwetschen, eingezuckerte Apfelschnitte oder sonstiges Obst. Ist das Obst sehr saftig, so überstreut man den ganzen Teig reichlich mit feinem Weckmehl und etwas Zucker.
Dieses Rezept genügt für 2 mittelgroße Kuchen.

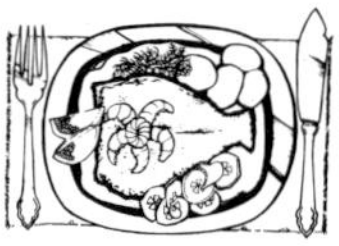

Frische Fische in Gelee
Bratkartoffeln
Senfbeiguß zu Fisch

Ölkrapfen

Frische Fische in Gelee

1 Pfd. grüne Heringe	*10—*
oder Schellfisch	*20 Pfg.*
½ Ltr. Wasser	
¼ Ltr. Essig	
1 Lorbeerblatt	*6 Pfg.*
2 Zwiebeln	
einige Pfefferkörner	
½ Eßl. Salz	
8 g Gelatine	*4 Pfg.*
	20—30 Pfg.

Die wie auf S. 189 vorbereiteten Fische werden in 3—4 Teile geschnitten.
Vorher kocht man schon das Wasser mit den Gewürzen im irdenen oder emaillierten Topfe ½ Std. Dann gießt man die Brühe durch ein Sieb und den Essig hinein. Wenn die Flüssigkeit wieder kocht, legt man die Fische in die kochende Brühe. Nachdem die Heringe 3—5 Min., Schellfische etwas länger, gezogen, nicht gekocht haben, legt man die Fische in eine Schüssel. Dann schneidet man die Gelatine in Stückchen, wäscht sie kalt ab und rührt sie mit kochender Brühe fein, kocht sie mit der Fischbrühe auf und gießt diese auf die Fische. Noch einfacher ist es, Dr. Oetker's Regina-Gelatine, weiß, zu benutzen, ein Päckchen kostet 10 Pfg. und wird in ½ Ltr. fertiger Brühe gelöst.
Dieses Gericht kann man am anderen Tage essen, es hält sich jedoch auch mehrere Tage.

Bratkartoffeln

Ganz kleine Pellkartoffeln zieht man ab und brät sie offen noch heiß mit Fett oder Rüböl, mit etwas Salz bestreut, ringsum braun. Sie sind sehr wohlschmeckend zu braunem Kohl, Rotkohl, Braten usw.
Übrig gebliebene, kalte Kartoffeln schneidet man in Scheiben und brät sie mit Zwiebeln, zuerst zugedeckt, ½ Std. bei kleinem Feuer.

Senfbeiguß zu Fisch

50 g Fett	
(wer Butter hat,	
nimmt diese)	
3 Eßl. Mehl	*8 Pfg.*
2 Teel. Salz	
2 Teel. Senf	
⅔ Ltr. Wasser	*3 Pfg.*
	11 Pfg.

Man macht eine helle Mehlschwitze, läßt sie mit dem Wasser garkochen und rührt vor dem Anrichten den Senf, welcher nicht kochen darf, hinzu. Man kann zum Verrühren Fischwasser nehmen.

Ölkrapfen

500 g Mehl
4 Eßl. Rosinen
2 Eßl. Zucker *25 Pfg.*
3/8 Ltr. Milch
1 Teel. Salz
1 Ei
1 Päckchen Oetker's
Backpulver oder Hefe *21 Pfg.*
46 Pfg.

Zum Ausbacken gebraucht man ungefähr 1/2 Ltr. Rüböl oder Butteröl, oder halb Schmalz, halb Palmin. Das letztere ist wegen seines hohen Fettgehaltes besonders zu empfehlen. Es empfiehlt sich, reichlich Fett zu nehmen. Butter ist zum Ausbacken nicht geeignet, da sie leicht verbrennt.

Man rührt den Teig wie Kuchenteig an. Das Backpulver wird wie immer trocken durch das Mehl gemischt. Wenn man will, kann man 2—3 Eßl. Fett in den Teig rühren. Wenn dieser fertig ist, Hefenteig muß aufgehen, macht man das Fett im eisernen Topfe heiß, taucht einen emaillierten Löffel hinein, sticht einen Löffel Teig ab und läßt ihn in das Fett fallen.

Die Oelkrapfen drehen sich meist von selbst um, wenn sie auf einer Seite braun sind, wenn nicht, muß man nachhelfen. Wenn sie gut sind, nimmt man die Krapfen aus dem Fette, läßt sie abtropfen und bestreut sie mit Zucker und Zimt.

Der Teig darf nicht zu dünn eingerührt werden, er geht dann zwar sehr schön auf, aber das Gebäck wird inwendig zu fett.

Ist das Fett nicht heiß genug, so kocht es leicht über. Man muß dieses erst mit einem Teigstückchen probieren, jedoch darf das Fett auch nicht zu heiß sein.

Arme Ritter

Wurstebrei
Haut- oder Pellkartoffeln

Apfelreis

Arme Ritter

8—10 Platten- oder Reihensemmel	
1—2 Eier,	33—
½ Ltr. Milch	43 Pfg.
1 Teel. Salz	
¼ Pfd. Fett zum Backen	15 Pfg.
	48—58 Pfg.

Die Semmeln werden in Scheiben geschnitten und mit der kalten Milch, welche mit Ei und Salz geschlagen wurde, begossen. Dann läßt man sie einige Stunden durchziehen und brät sie dann auf beiden Seiten braun.

Wurstebrei

100—150 g Gerstengrütze	
1¼ Ltr. Wasser	4—6 Pfg.
¼ Pfd. frische Schwarte	
1 Eßl. Grieben	8—10 Pfg.
1 kleine Schweineniere oder Fleischreste	10 Pfg.
½ Teel. Wunderpfeffer	
1 Teel. schwarzer Pfeffer	
1 Eßl. Salz	1 Pfg.
	23—27 Pfg.

Anstatt der Schwarte und der Fleischreste kann man ½ Pfd. Bauchfleisch, fettes Schweinefleisch, nehmen. 35 Pfg. Wenn man Fett ausbrät, läßt man die Fleischstückchen nach dem Fette durch die Hackmaschine und gießt noch heiße Brühe nach. Die gewaschene Grütze wird mit ¾ Ltr. Wasser weichgekocht. Die Schwarte oder das Fleisch wird in dem übrigen Wasser weichgekocht und mit den Grieben feingehackt. Wenn die Grütze weich ist, wird das gehackte Fleisch, Brühe, Gewürz und nach Bedarf etwas kochendes Wasser hinzugegeben und der Brei zu Pellkartoffeln gegessen. Zeit der Zubereitung 2 bis 3 Std.

Man kann den Wurstebrei gelegentlich zubereiten, er hält sich im kalten Raume 3—4 Tage. Beim Schlachten wird meist noch etwas Blut hinzugerührt, dieses muß gesiebt werden.

Haut- oder Pellkartoffeln

Diese sind reingewaschene, in der Schale gekochte Kartoffeln, welche nach dem Abgießen fest zugedeckt bis zum Anrichten verwahrt werden. Abdampfen macht sie hart. Kartoffeln müssen immer bald gegessen werden. Übrige Pellkartoffeln stellt man abgezogen weg.

Apfelreis

400 g Reis	
2 Ltr. Wasser	
4 Eßl. Zucker	
2 Teel. Salz	*20 Pfg.*
1 Stck. Zimt	
200 g Ringäpfel oder 1 Pfd. frische Kochäpfel	*10—25 Pfg.*
	30—45 Pfg.

Der gebrühte Reis wid mit Zucker, Wasser und Gewürz $1\frac{1}{2}$ Std. gekocht. Die Äpfel werden allein gekocht und später mit dem steifen Reis vermischt.

Wassergrießsuppe

Wurzeln mit Rindfleisch

Mehlpfannkuchen

Wassergrießsuppe

4 Ltr. Wasser	
20 Eßl. feiner Grieß (200 g)	12 Pfg.
4 Eßl. Korinthen	
4 Teel. Salz	4 Pfg.
1 großes Stck. Zimt	
5 Eßl. Zucker	6 Pfg.
	22 Pfg.

Das Wasser wird mit den Gewürzen und den gewaschenen Korinthen ganz langsam zum Kochen gebracht, damit der Geschmack derselben in das Wasser hineinzieht. Dann streut man den Grieß ein und rührt ihn öfter um. Kochzeit 1/4 Std.
Grieß darf im Löffel nicht mehr untersinken, sonst ist er nicht gar.

Wurzeln mit Rindfleisch

1 Pfd. (1/2 kg) Rindfleisch	
1 1/2—2 Ltr. Wasser	65 Pfg.
2 Pfd. (1 kg) Wurzeln	
2 Eßl. Salz	10 Pfg.
nach Geschmack Petersilie	
oder Essig mit Mehl,	
2 Eßl. Essig	
2 Eßl. Mehl	
3 Pfd. Kartoffeln	9 Pfg.
	84 Pfg.

Wer mehr Kartoffeln liebt, kann nach Gefallen 1 Pfd. (1/2 kg) mehr nehmen.
Man setzt im eisenemaillierten Topfe Wasser auf, klopft und wäscht das Fleisch schnell, ohne es beim Waschen ins Wasser zu legen und gibt Fleisch und Salz in das kochende Wasser. Dann schrappt und wäscht man das Gemüse und schneidet es in Streifen oder zu sogenannten Talerwurzeln in Scheiben. Das Gemüse legt man auf das Fleisch und kocht es zugedeckt 2 Std. Dann legt man die Kartoffeln, in vier Teile zerschnitten, obenauf und kocht sie 1/2 Std. mit. Ehe man das Gemüse anrichtet, gibt man, besonders im Sommer, gehackte Petersilie daran, ober man läßt vor dem Umrühren die Brühe an einer Seite im Topfe zusammenlaufen und macht sie gebunden (sämig) durch Anrühren von Mehl mit Essig oder Wasser. Kinder essen es gern, wenn man auf den weichgekochten Kartoffeln noch einige Äpfel 1/4 Std., zugedeckt kocht, dieses ist der Gesundheit zuträglicher als Essig.
Man kann anstatt des Fleisches 100 g Fett mit den Wurzeln kochen, dann muß man kaltes Fleisch, Schinken, Eier, Frikandellen oder dergl. dazu essen, um das fehlende Eiweiß zu haben. Im Winter schneidet man mit den Wurzeln einige Zwiebeln, wenn man später Essig dazu gibt.

Mehlpfannkuchen

400 g Mehl	
4 Eier	
Eiweiß zu Schnee	*35 Pfg.*
1/2 Ltr. Milch	
1/2 Ltr. Wasser	
2 Eßl. Salz	*8 Pfg.*
Zum Backen:	
Rüböl	
Schmalz	
Mischfett oder	
Palmin (Kokosbutter)	*15 Pfg.*
	58 Pfg.

Man rührt die Flüssigkeit nach und nach in das Mehl, bis dieses ganz glattgerührt ist. Dann gibt man Salz und Eigelb und zuletzt das Eiweiß hinzu. Man läßt Fett in der Pfanne heiß werden, gießt den Teig 1/2 cm dick hinein, läßt ihn gleichmäßig braun werden, indem man die Pfanne von Zeit zu Zeit dreht. Dann wendet man den Pfannkuchen um und bäckt ihn auf der anderen Seite braun. Wenn der Pfannkuchen Blasen wirft, sticht man zuerst mit dem Messer hinein und läßt ein wenig Teig einlaufen.

Zu Apfelpfannkuchen schneidet man feine Scheibchen, streut Zucker und Zimt darüber und rührt sie durch den Teig. Man muß sie mit dem Messer in der Pfanne glatt verteilen. Den Apfelpfannkuchen bäckt man auf der ersten Seite zugedeckt.

Brotsuppe

Sauerkraut und Klönchen
Kartoffelklöße

Vanille-Creme

Brotsuppe

4 Ltr. Wasser und		
1/2 Ltr. zum Einkochen,		
dazu 1/2 kg altes		
Grau- und Schwarzbrot	12 Pfg.	
1 Teel. Kümmel und		
1 Stück Zimt	1/2 Pfg.	
6 Eßl. Zucker		
4 Teel. Salz	6 1/2 Pfg.	
3—4 frische Äpfel oder		
Schnitzel oder Schalen	8 Pfg.	
	27 Pfg.	

Das zerschnittene Brot wird mit Wasser, Äpfeln und Zimt aufgesetzt und 1 1/2 Stunde langsam gekocht. Dann rührt man die Suppe durch ein Sieb oder läßt sie ohne weiteres mit Zucker und Salz aufkochen.
Wenn man Brotsuppe mit Milch kochen will, so nimmt man 2 Ltr. Milch, 2 Ltr. Wasser und läßt die Äpfel weg. Man gibt die Milch erst nach dem Durchrühren der Suppe hinzu und läßt sie eben aufkochen. Für die Kochkiste 1/4 Std. vorkochen.

Sauerkraut und Klönchen

2 Pfd. (1 kg) Sauerkraut	
1—1 1/2 Ltr. Wasser	20 Pfg.
1 Pfd. (1/2 kg) Klönchen	
oder sonstiges	
Salzfleisch	45 Pfg.
	65 Pfg.

Wenn man in das kalte Wasser 1 Eßl. Rüböl gießt, wird das Kraut besser weich und bekommt eine schöne Farbe. Wenn das Wasser kocht, legt man das Fleisch hinein. Das Kraut wird zur Hälfte ausgedrückt, die andere Hälfte wird in kaltem Wasser ausgespült und ausgedrückt. Wenn das Kraut sehr sauer ist, wäscht man es ganz. Dann kocht man es mit dem Fleische 3 Std.
Kartoffeln muß man stets allein kochen, denn auf dem Kohl gekocht, werden sie zähe. Man kann aber gargekochte Kartoffeln mit dem Sauerkraute mischen. Wenn man dieses nicht tut, macht man den Kohl mit 1—2 rohen Kartoffeln sämig. Wer dieses nicht liebt, kann auch Mehl und Wasser nehmen, doch ist ersteres schmackhafter.

Kartoffelklöße

4 Pfd. am Tage vorher
gekochte Pellkartoffeln 12 Pfg.
4 alte Semmeln
4 Eßl. Mehl 12 Pfg.
2 Eier
Muskatnuß
2 Eßl. Salz 15 Pfg.
30—50 g Fett zum
Rösten der Bröckchen 6 Pfg.
45 Pfg.

Zum Abkochen: 3 Ltr. Wasser, 3 Eßl. Salz.
Die Rinden der Semmel werden abgeschält, in Würfel geschnitten und geröstet. Die Kartoffeln und die Semmel werden gerieben, Mehl, Gewürz, Eigelb und Bröckchen werden damit vermischt. Zuletzt wird der steife Eischnee schnell durchgearbeitet. Die Klöße werden nur gut, wenn man sie fest zusammendrückt und in das kochende Wasser legt. Man koche, zugedeckt, stets einen Probekloß; hält er nicht zusammen, so gibt man noch 1 Ei oder 1 Löffel Mehl zu der Masse. Kochzeit 10 Minuten.
Es werden nur 5—6 Klöße auf einmal gekocht. Eine Zugabe von 1 Teel. Dr. Oetker's Backpulver macht die Klöße lockerer.

Vanille-Creme

Zutaten:
1 Päckchen
Dr. Oetker's Vanillin-Zucker
3 Eier
75 g Zucker
1/2 Ltr. Milch
50 g Dr. Oetker's Gustin
oder feinstes Stärkemehl

Zubereitung: In einem Emailletopfe rührt man das Eigelb mit dem Zucker und Vanillin-Zucker schaumig, gibt 6 Eßl. voll Wasser und nach und nach das Gustin hinzu. Zuletzt gießt man noch die Milch zu und bringt das Ganze unter fortwährendem starken Rühren zum Kochen. Wenn die Masse einige Male aufgekocht ist, nimmt man sie vom Feuer und mischt mit dem Schneebesen das zu steifem Schnee geschlagene Eiweiß darunter. Die fertige Vanille-Creme wird in eine Glasschale gefüllt und zum Erkalten beiseite gestellt. Vor dem Servieren kann man mit Makronen, Gelee, Früchten usw. garnieren.
Diese Creme eignet sich auch sehr gut zum Füllen von Törtchen und Cremeschnittchen.

Falsche Schokolade oder gebrannte Mehlsuppe

Kalbfleischfrikassee

Puffer von Buchweizenmehl

Falsche Schokolade oder gebrannte Mehlsuppe

12 Eßl. Mehl (120 g)	*5 Pfg.*
2 Ltr. Milch	
1 Ltr. Wasser	*36 Pfg.*
6 Eßl. Zucker	
2 Teel. Salz	*6 Pfg.*
1 Stück Zimt	
2 Eßl. Kakao	*6 Pfg.*
	53 Pfg.

Das Mehl wird im eisernen Topfe gerührt, bis es eine gelbbraune Farbe hat. Dann gießt man das Wasser nach und nach hinzu, indem man das Mehl glattrührt. Milch, Gewürz und der mit 1/4 Ltr. Milch oder Wasser kochend heiß verrührte Kakao werden mit der Mehlsuppe aufgekocht. Will man die Suppe ohne Kakao kochen, so gibt man ein wenig Dr. Oetker's Vanillinzucker hinzu.

Die Suppe wird von Kindern gern aus Tassen getrunken.

Kalbfleischfrikassee

1 Pfd. Brust oder Rippen vom Kalbe	*60—70 Pfg.*
3/4 Ltr. Wasser	
2 Eßl. Fett oder Speck	
1/2 Eßl. Salz	*7 Pfg.*
1 Zwiebel	
Lorbeerblatt	
einige Pfefferkörner	*2 Pfg.*
3 Eßl. Mehl oder zur Hälfte gestoß. Weißbrot	*2 Pfg.*
	71—81 Pfg.

Nach Gefallen Gurkenstückchen, Zitronensaft, Muskatblüte anstatt des Pfeffers, auch einige Tropfen Maggis Würze.

Man schneidet das gewaschene Fleisch in Portionsstückchen, salzt es, wälzt es im Mehle, legt es in das heiße, nicht braune Fett und dämpft es einige Minuten unter öfterem Umwenden.

Dann gießt man das kochende Wasser hinzu und kocht das Gericht auf kleinem Feuer mit dem Gewürz 2 Std. Für Kranke nimmt man weder Zwiebeln noch Gewürz, nur etwas Zitronensaft, und als Fett Butter, auch kann man noch ein Eigelb an den Beiguß rühren. Zu diesem Gerichte ißt man Salzkartoffeln.

Puffer von Buchweizenmehl

500 g Buchweizenmehl	
250 g Weizenmehl	*25 Pfg.*
2 Pfd. (1 kg) Kartoffeln	
2½ Eßl. Salz	
3/8 Ltr. Milch oder Wasser	*12 Pfg.*
20 g Hefe oder 1 Päckchen Dr. Oetker's Backpulver à 10 Pfg.	*8—10 Pfg.*
3 Eßl. Fett oder Oel zum Backen	*6 Pfg.*
	51—53 Pfg.

Diesen Teig kann man mit Wasser anrühren, verbessert wird er durch Milch, 1—2 Eier, 2—3 Eßl. Fett. Die geriebenen Kartoffeln werden unter stetem Rühren angewärmt, nicht erhitzt, Mehl und die übrigen Zutaten werden hineingerührt und gebacken. Hefenteig muß aufgehen.

Zum Backen streicht man entweder eine tiefe Bratpfanne mit Oel oder Fett aus, gibt den Teig hinein und bäckt ihn im Bratofen 1 Std., oder man bäckt den Teig in der Pfannkuchenpfanne, was ganz verschieden schmeckt, wie folgt: Das Fett wird in der Pfanne erhitzt. Man gibt den Teig 1½—2 Finger hoch hinein, zieht die Pfanne an die Ecke und bäckt, indem man die Pfanne von Zeit zu Zeit dreht, auf der ersten Seite ½ Std. Ist der Puffer oben trocken und unten braun, so wendet man ihn wie Mehlpfannkuchen und bäckt ihn auf der anderen Seite braun. Jeder Puffer schmeckt auch aufgewärmt. Man bestreicht ihn mit Butter, Apfelkraut oder Fruktinhonig.

Rezept-Verzeichnis

Vorspeisen Seite

Rezept-Verzeichnis

Rezept-Verzeichnis

Hauptgerichte Seite

Rezept-Verzeichnis

Beilagen Seite

Rezept-Verzeichnis